Frente a Frente

Conversaciones
cotidianas
en inglés
y español

Traducido por:

Francisco Cámara-Riess

Face to Face

Everyday
Conversations
in English
& Spanish

By:

David Hatcher

ISBN 978-0-9729920-1-5

t

LANDABOOKS

1873 Meadowbrook Drive
Winston-Salem, NC 27104 USA
336.354.8238
480.247.5750 Fax
info@landabooks.com
www.landabooks.com

Cover design by
One Hero Creative
Winston-Salem, NC

Published in the United States of America by LandaBooks. Copyright © 2009 by David Hatcher and Lane Goddard under International, Pan American, and Universal Copyright Conventions.

ISBN 978-0-9729920-1-5

LANDABOOKS

1873 Meadowbrook Drive
Winston-Salem, NC 27104 USA
336.354.8238
480.247.5750 Fax
info@landabooks.com
www.landabooks.com

Cover design by
One Hero Creative
Winston-Salem, NC

Gracias

Nuestro sincero agradecimiento a Lane Goddard por su profesionalismo en cada una de las fases de producción, especialmente en el diseño del libro.

Un agradecimiento especial a Liliana Cámara por brindarnos su asesoría pedagógica en la traducción de las historias al español.

También estamos profundamente agradecidos con nuestro amigo y profesor de español Luigi Utili, quien inicialmente tradujo cuatro de las historias y nos brindó muy valiosa ayuda.

Un agradecimiento especial para Lisa Hayes, coordinadora de ESL, y para Tom Hayes, nuestro asesor, por su ayuda con material e ideas.

"… procurar que a la llana, con palabras significantes, honestas y bien colocadas, salga vuestra oración y periodo sonoro y festivo; pintando, en todo lo que alcanzáredes y fuere posible, vuestra intención, dando a entender vuestros conceptos sin intricarlos y escurecerlos."

Miguel de Cervantes, prólogo de Don Quijote

Thanks

Our sincere thanks to Lane Goddard for her professionalism in all phases of production, especially in book design.

Special thanks to Liliana Cámara for applying her experience as a Spanish teacher to the translations of the stories.

Our deep appreciation also goes to Luigi Utili, friend and Spanish teacher, who did the initial translations of four of the stories, and who offered other valuable assistance.

Special thanks to Lisa Hayes, ESL coordinator, and Tom Hayes, our advisor, for all their help with materials and ideas.

"Do take care to express yourself in a plain, easy manner, in well-chosen and decent terms, and to give a harmonious and pleasing turn to your phrases: study to explain your thoughts, and set them in the truest light, laboring as much as possible not to leave them dark nor intricate, but clear and intelligible."

Miguel de Cervantes, Preface to Don Quixote

Contenido

Contents

Bienvenidos

Es probable que usted quiera saber cómo la gente nativa habla y escribe en inglés, en español o en ambos idiomas. Nuestra intención es ayudarle a lograr precisamente eso, de una manera fácil y agradable.

En este libro encontrará cientos de las palabras más comunes, entretejidas en historias cortas y fáciles de leer, colocadas frente a frente y con la traducción de cada historia en la página opuesta. Puede pasar de una página a la otra cuando así lo desee. Las traducciones han sido hechas utilizando un lenguaje informal que refleja cómo la gente nativa habla cotidianamente.

Las palabras fueron seleccionadas de listas de los vocablos más utilizados en Internet, de respetados sitios de referencia para términos útiles en inglés y en español, de clases que hemos impartido y tomado en ambos idiomas, de libros que hemos leído, escrito o editado y de nuestras vivencias y experiencias diarias con amigos y colegas que hablan ambos idiomas.

Esperamos que este libro le resulte útil, educativo y divertido.

Welcome

It's probably safe to say that your goal is to learn more about how native speakers and writers use Spanish, English, or both. Our goal is to help you do that, in the easiest, most-enjoyable way we can.

You'll find in this book hundreds of the most-useful words, woven into short, easy-to-read stories, arranged face-to-face—with the translation of each story on the page facing it. You can simply glance over to the other side whenever you want. The translations are not word-for-word, but are in the informal idiom of native speakers—the way people really talk.

The words were chosen from Internet lists of most-used words in Spanish and English, from respected references on useful English/Spanish terms, from classes we've taught and taken in both languages, from our reading, writing and editing, and—equally important—from our daily lives and experiences with our friends and colleagues in both languages.

We hope you'll find the book helpful, educational, and fun.

Conociendo a la familia

Anne: ¿Estás nervioso por el hecho de que conocerás a mis familiares?

Luis: Tal vez un poco. Pero quiero conocerlos a todos.

A: Ya verás que te caerán bien y que tú les caerás bien. Te contaré un poco sobre ellos.

L: Buena idea. Y de paso me enseñas algunas palabras relacionadas con la familia. Conozco algunas, como hermano (brother) y hermana (sister).

A: Bien. Empezaremos con mi hermana Lisa. Ella tiene una hija y dos hijos. La niña es mi sobrina; los niños son mis sobrinos.

L: Sobrina y sobrinos, listo. ¿Y cómo te llaman ellos?

A: Yo soy su tía. Me llaman Tía Annie. Y si fuera hombre, sería su tío.

L: Me alegro de que no seas hombre. Primero, porque "Tío Annie" no suena bien, además de otros motivos [sonríe pícaramente]. Y el esposo de tu hermana, si es que está casada, ¿qué relación tiene contigo?

A: Deja de bromear, por supuesto que está casada, tienen hijos. Su esposo es mi cuñado y yo soy su cuñada [en plural aplica cuñados y cuñadas]. Y si te dejas de bromas y nos casamos, nuestros hijos los llamarán tía y tío.

L: Bueno. Y si nos casamos, ¿cómo debo llamar a tu padre y a tu madre?

A: Mi mamá será tu suegra, mi papá será tu suegro...

L: Y si tengo dos, ¿entonces serían mis suegros?

A: Más te vale no tener dos, ya que eso significa que tendrías dos esposas.

L: ¿Son muchas?

A: Demasiadas.

L: Entonces, ¿cómo le dirán nuestros hijos a tu madre y padre?

A: A mi mamá le dirán abuela (o abuelita o tita) y a papá le llamarán abuelo (o abuelito o abue).

L: ¿Y cómo le dirán nuestros hijos a los hijos de tu hermana y tu cuñado?

A: Serán primos. Creo que has aprendido suficientes palabras. ¿Se te hicieron difíciles?

L: No más que otras que me has enseñado. Se puede decir que me resultaron "familiares".

Meeting the Family

Anne: Are you nervous about meeting my relatives?

Luis: A little, maybe. But I want to meet everybody.

A: You'll like them, and they'll like you. Let me tell you a little about them.

L: Good idea. And teach me some more words for relatives. I know only a few—like brother and sister for hermano and hermana.

A: Okay, we'll start with my sister Lisa. She has three children—one daughter and two sons. The girl is my niece; the boys are my nephews.

L: Niece and nephews—got it. And what would they call you?

A: I'm their aunt. They call me Aunt Annie. And if I were a man, I'd be their uncle.

L: Well, I'm glad you're not a man. For one thing, "Uncle Annie" just doesn't sound right, and I have other reasons. [He grins.] And your sister's husband—if she happens to be married—what is his relationship to you?

A: Stop teasing—of course she's married—they have children. Her husband is my brother-in-law, and I'm his sister-in-law. [The plural forms are brothers-in-law and sisters-in-law.] And if you stop teasing, and we get married, our children will call them their aunt and uncle.

L: Okay, and when we get married, what will I call your father and mother?

A: My mom will be your mother-in-law, my dad will be your father-in-law…

L: And if I have two, will they be my fathers-in-law?

A: You'd better not have two, because that would mean you'd have two wives.

L: Oh? Do you think that's too many?

A: Waaay too many.

L: So, what would our kids call your mother and father?

A: They'd call my mom grandmother (or grandmamma or grandma), and they'd call Dad grandfather (or grandpapa or grandpa).

L: And what would our children call the children of your sister and brother-in-law?

A: They would be cousins. Now I think that's enough new words—were they hard to learn?

L: No harder than others you've taught me. So I guess you could say "It's all relative."

Cuestión de tiempo

Ramón: Luigi, amigo mío, tú que eres una persona inteligente, ¿podrías decirme qué hora es?

Luigi: Esa pregunta es muy difícil [se ríe mientras ve su reloj]. Son las dos y media.

R: [hace un ruido similar a una bocina o claxon] Respuesta incompleta. ¿Las dos y media de qué día y qué parte del día?

L: Es domingo, a media tarde.

R: Los fines de semana pasan muy rápido. Deberían ser de cuatro días, como mínimo. Mañana por la mañana debemos regresar al trabajo.

L: No haces más que quejarte del trabajo. ¿Será que eres un poco flojo?

R: Mentira. Nunca me quejo del trabajo, con excepción de los lunes, un poquito.

L: Y los martes, y los miércoles, y los jueves…

R: No. Después del medio día del miércoles, cuando la primera mitad de la semana se ha acabado, ya no me quejo, pues el viernes está a la vuelta de la esquina.

L: Los sábados por la noche te quedas despierto hasta después de la media noche y duermes hasta tarde el domingo, ¿cierto?

R: Depende de cómo definas "tarde". Siempre me levanto a eso del mediodía, entre las once y la una, a tiempo para el desayuno.

L: ¿A qué hora te levantas los lunes y cuándo empiezas a trabajar?

R: Me levanto muy temprano, como a las 7:30, para llegar al trabajo a las 8.

L: ¿Qué? ¿Duermes hasta media hora antes de comenzar a trabajar? Las siete y media no es temprano, más bien es tarde. Yo me levanto a las 6:15 y comienzo a trabajar a las 7:45. Casi siempre llego temprano.

R: Eso es una tontería. No nos pagan para llegar temprano. Pero usualmente soy puntual.

L: Más te vale llegar a tiempo si quieres recibir un ascenso. ¿Cuánto tiempo llevas en la empresa, un año?

R: Veamos: comencé en enero, así que [comienza a contar con los dedos] febrero, marzo, abril, mayo, junio, julio, agosto, septiembre y ya casi termina octubre. Así que he trabajado allí casi diez meses.

L: Y si trabajas noviembre y diciembre, siempre y cuando no te despidan por flojo, completarás un año.

R: Sí. Y para celebrarlo me tomaré un par de días libres y haremos una gran fiesta.

It's About Time

Ramón: Luigi my friend—you're an intelligent person, so tell me—what time is it?

Luigi: That's a tough question. [He laughs, glances at his watch] It's two-thirty.

R: [Makes a loud honking noise] Wrong. Incomplete answer. Two-thirty on what day? And what part of the day?

L: It's Sunday, midafternoon.

R: Ah, weekends go by too fast—they should last four days, at least. Tomorrow morning we have to go back to our jobs.

L: You always complain about work. Are you a little lazy, maybe?

R: Not true. I never complain about work. Except maybe on Mondays, a little.

L: And on Tuesday, Wednesday, Thursday, and….

R: No—I don't complain after noon Wednesday, when the week's half over—it's all downhill from there to Friday.

L: On Saturday night you stay up past midnight, and sleep late Sunday, don't you?

R: That depends on how you define "late." I'm always up around noon—between eleven and one—in time for breakfast.

L: What time do you get up Monday, and when do you start work?

R: I get up really early—around 7:30, to get to work by 8:00.

L: What? You sleep until a half-hour before time to be at work? Seven-thirty isn't early, it's late. I get up at 6:15, and start work at 7:45. I often arrive a little early.

R: Well, that's dumb. They don't pay us to be early. But I'm punctual. Usually.

L: You'd better be on time, if you want to be promoted. How long have you worked at the company—close to a year?

R: Let's see—I started in January, so [counting on his fingers] February, March, April, May, June, July, August, September—and we're near the end of October. So I've worked there almost ten months.

L: And if you work November and December—without getting fired for laziness— you'll complete an entire year.

R: Yes. And to celebrate, I'll take a couple of days off work and we'll have a big party.

Comidas y alimentos

Luis: Así que tu hermano y tu cuñada nos visitan este fin de semana. Deberíamos planear las comidas, ya que a tu hermano sí que le gusta comer.

Anne: Cierto. Pablo come casi tanto como tú, así que debemos asegurarnos de tener suficientes víveres para cada comida. Llegan el viernes después de la cena, así que esa noche bastará con algunos bocadillos.

L: Bien. Tal vez algo de fruta, queso y pan o galletas. Y por supuesto, vino y cerveza.

A: Por supuesto. No queremos que tú y Pablo mueran de sed. Y para el desayuno del sábado tendremos jugo, huevos, tocino, pan tostado y bisquets. Para el almuerzo podemos hacer sándwiches de rosbif y queso, con lechuga y tomates para quien quiera. También necesitaremos mostaza y mayonesa para los sándwiches.

L: La noche del sábado será nuestra gran comida. ¿Quieres que ponga a asar hamburguesas y perros calientes? Si tú preparas una ensalada y además aso unas papas, pimientos y otros vegetales, creo que tendremos suficiente. Y me encantaría que para el postre prepararas un pastel, tal vez de manzana o arándano.

A: Yo encantada, ya que tú te encargarás del asador. Entonces solamente nos falta el desayuno del domingo. Por cierto, he notado que las palabras que usamos tanto en español como en inglés para referirnos a la primera comida del día tienen algo en común. Cuando dejamos de comer durante algún tiempo, entramos en "ayuno" [fast, en inglés]. Y como el prefijo "des" denota negación, se puede decir que tras pasar la noche durmiendo, por la mañana interrumpimos el ayuno con el "desayuno".

L: Creo que no necesitaremos un gran desayuno el domingo, ya que cenaremos en forma la noche anterior. Además es probable que nos levantemos a diferentes horas; tú querrás dormir hasta tarde. Así que podemos dejar algo de fruta y cereal en la mesa, tal vez algunos pastelitos, y por supuesto jugo y café.

A: Un desayuno ligero me suena bien. Así no tendré que cocinar y habrá menos platos para lavar. Así que ahora pensemos qué tendremos para el almuerzo del domingo.

L: Veamos… podemos almorzar algo de sopa, sándwiches y ensalada.

A: Bien. Ahora pensemos en la cena del domingo por la noche, la última comida con nuestros invitados. Deberíamos hacer algo especial, ¿no crees? Tal vez algunos aperitivos y podrías asar algo de carne. Podríamos preparar papas horneadas con mantequilla y crema agria, una ensalada y, tras la cena, café y postre.

L: Suena delicioso. Y es además una buena forma de celebrar el que nos hayan visitado.

Meals and Foods

Luis: So your brother and sister-in-law are coming to visit for the weekend. I guess we'd better plan the meals—your brother sure does enjoy his food.

Anne: That's true—Pablo eats almost as much as you do, so we need to make sure we have food for every meal. They arrive after dinner Friday, so we'll just need a few snacks for that night.

L: Okay, how about some fruit, cheese, and bread or crackers. And some wine and beer, of course.

A: Of course. We don't want you and Pablo to die of thirst. And for breakfast Saturday, we'll have juice, eggs, bacon, toast and biscuits. For lunch, we can have sandwiches—roast beef and cheese, with lettuce and tomatoes for whoever wants it. We'll need mustard and mayonnaise for the sandwiches, too.

L: Saturday night will be our big meal. Would you like me to grill some hamburgers and hot dogs? If you fix a salad, and I grill potatoes, peppers, and other vegetables, that will be plenty. And I'd really like it if you'd make a pie for dessert—maybe apple or blueberry.

A: Sure, I'll be glad to, since you're doing the cooking on the grill. Let's see—that takes us to breakfast Sunday morning. I noticed that the words for the first meal of the day are a lot alike in both Spanish and English. When you stop eating for a while, you "fast." And when you start eating again, you're "breaking the fast." We don't eat while we're sleeping, so our first food in the morning is a "fast-breaker."

L: We probably won't want a very big breakfast Sunday—after our big meal the night before. And people may be getting up at different times—I know you may want to sleep late. So we could just put some fruit and cereal on the table, maybe some pastries, and of course juice and coffee.

A: A light breakfast sounds good to me—I won't have to cook, and there won't be so many dishes to clean up. So now let's think about what we'll have for Sunday lunch.

L: Let's see—we could have some soup, sandwiches, and a salad.

A: Okay, now all we have to think about is dinner Sunday night, our last meal with our guests. We should make it a little special, don't you think? Maybe we should have some appetizers, and you could grill some steaks. We could also have some baked potatoes, with butter and sour cream, a salad, and after the meal, some coffee and dessert.

L: Sound delicious. And a nice way to celebrate their visit.

Deportes y juegos

Donna: Casi todo mundo parece interesarse por los deportes. ¿Practicaste alguno en la escuela?

Luis: Sí. En la secundaria jugué básquetbol, béisbol y fútbol americano. En ese entonces no teníamos equipo de fútbol soccer. ¿Y tú, jugaste alguno?

D: Un poco. Durante dos años fui parte del equipo de tenis, fui corredora durante uno y otro año jugué voleibol.

L: Nadas bien. ¿Eras parte del equipo de natación?

D: No. Me gusta nadar y lo hago por diversión. ¿Practicaste algún deporte acuático?

L: No de manera organizada. Al igual que tú, me gusta estar cerca del agua, incluso en la costa. Me gusta nadar y navegar.

D: ¿Navegar? A mí gustan los veleros. Hice algo de remo, pero tuve que dejarlo ya que estaba muy ocupada. ¿Alguna vez hiciste surfing?

L: En realidad no. Es decir, lo intenté un par de veces, pero renuncié ya que no dejaba de caerme.

D: Yo también. ¿Alguna vez intentaste hacer board-sailing o canotaje en kayak?

L: Intenté hacer board-sailing, pero igual no dejé de caerme. Hice algo de canotaje durante el verano cuando hicimos un viaje familiar a las montañas. Me gustó esa sensación de tranquilidad.

D: Entonces, ¿cuál es tu deporte favorito?

L: Mmmm…buena pregunta. Tal vez el billar.

D: ¿Billar?

L: Ajá. O tal vez el póquer. Solía jugar cartas de vez en cuando.

D: ¿Póquer? Eso no es un deporte de verdad. Dime cuál es el deporte de verdad que más te gusta.

L: Mmmm… déjame pensar. Ya sé: platicar contigo sobre deportes. O sobre cualquier otro tema.

D: Es decir que los brazos sólo te sirven para hablar hasta por los codos.*

*"Hablar hasta por loss codos" is an idiomatic expression meaning "to talk a lot.")

Sports and Games

Donna: Almost everybody seems interested in sports. Did you play sports in school?

Luis: Yes, in high school I played basketball, baseball, and American football. We didn't have a soccer team then. How about you—did you play?

D: I played a little. I was on the tennis team for two years, I ran track one year, and played volleyball one year.

L: You swim well. Were you on the swim team?

D: No, I just enjoy swimming, and do it for fun. Did you ever take part in any water sports?

L: Not in any organized way. Like you, I enjoy being near water—even if I stay on the shore. And I like swimming and boating.

D: Boating? I like sailing. And I tried rowing, but had to give it up because I had too many other things to do. Did you ever surf?

L: Not really. I mean, I tried it a couple of times, but kept wiping out, and gave it up.

D: Yeah, me too. How about board-sailing—did you ever try that? Or kayaking?

L: I tried board-sailing, with the same result—I kept falling off. And I did a little kayaking and canoeing in the summer when my family went to a lake in the mountains. That was peaceful.

D: So, what's your favorite sport?

L: Mmmm…that's hard to say. It might be pool.

D: Pool? You mean billiards?

L: Uh-huh. Or it might be poker—I used to play cards occasionally.

D: Poker? That's not a real sport, is it? So tell me, what's your favorite real sport?

L: Mmmm…let me think. Ah—now I know what it is—it's talking with you, about sports. Or maybe about anything.

D: So, instead of kayaking, you'd prefer just yakking.*

*"Yakking" es un término informal que infiere sostener una conversación afable.)

Rutinas diarias

Anne: Si decidimos casarnos, nuestras vidas cambiarán radicalmente. Así que nos convendría poner atención a nuestras rutinas diarias y cómo tendrían que cambiar éstas.

Luis: Buena idea. Comencemos por las mañanas. Yo me levanto temprano, antes del amanecer, y me gusta salir a caminar un rato. ¿Te gustaría hacer eso?

A: No, no, no. Levantarme me toma tiempo. Me gusta abrir un ojo, luego el otro y, al cabo de un rato, acomodo las almohadas y me quedo sentada en cama. Antes de levantarme me gusta tomar una taza de café… y tal vez estirarme.

L: ¿Y quién te va a traer la taza de café?

A: Tú, por supuesto. ¿No has leído tus deberes de esposo? Eso está en la lista. Creo que es de los primeros. No te preocupes: yo te diré cuáles son.

L: Gracias. Estoy seguro de que lo harás. Bien, no creo tener problemas con el café. ¿Y luego, te levantarás a preparar el desayuno?

A: Por supuesto, querido. Pero no inmediatamente. Verás: primero me gusta darme una larga ducha, ponerme una bata gruesa, suave y cómoda, prepararme una taza de té (con crema y azúcar) y sentarme frente al tocador —el cual tiene un gran espejo— mientras me seco y cepillo el cabello. Luego me lavo los dientes, me pongo crema para la piel y hago algunos ejercicios de estiramiento. Después…

L: Espera un momento. Todo eso toma mucho tiempo. Me temo que moriré de hambre antes de que comiences a preparar el desayuno. Yo suelo bañarme por la noche antes de acostarme. Y no tengo que cepillarme el cabello, basta con peinarme. Así que quince o veinte minutos después de haberme levantado ya estoy listo para salir de casa.

A: Pues yo necesito cuando menos una hora para alistarme. ¿Qué haces una vez sales de casa?

L: Mi rutina es simple: generalmente camino hasta la parada del autobús, en el cual voy al trabajo. Pero si el clima es verdaderamente agradable, a veces camino hasta la oficina. Saludo a mis compañeros y comienzo a trabajar. Al mediodía salgo a caminar a un parque cercano y cuando el reloj de la oficina indica que la jornada ha terminado, regreso a casa. Allí me cambio de ropa por algo más cómodo y hago pequeñas tareas como cortar el césped, arreglar el jardín o reparar algo roto, como el cristal de una ventana.

A: ¿Y cuándo descansas?

L: Bueno… después de cenar suelo ver la tele o escuchar algo de música por la radio. También me gusta leer revistas o el periódico, en especial las páginas editoriales y la sección deportiva. ¿Y tú?

A: Cuando llego a casa me gusta trabajar un rato en el jardín. Luego disfruto alguna bebida fría mientras reviso el correo antes de…

L: Antes de preparar la cena, espero.

A: Tú siempre pensando en comida, ¿no? Está bien, me aseguraré de preparar la cena antes de que, por hambre, te pongas de mal humor.

Daily Routines

Anne: You know, if we decide to get married, it will be a big change in our lives. So maybe we should think about our daily routines, and how we might have to change them.

Luis: Good idea. Let's start with the morning. I wake up early—before daylight—and like to get up right away, and go for a short walk. Would you like that?

A: Ohhh no. I take my own sweet time waking up. I like to open one eye, then the other. And after a while, I'll adjust the pillows, and sit up in bed. Before getting up, I like to have a cup of coffee—and maybe a warmup.

L: And who do you expect to bring you your coffee?

A: You, of course. Haven't you read the husband's job description? That's on the list of duties. Near the top, I think. But you don't have to read it—I'll tell you what's on it.

L: Thanks, I'm sure you will. Well, I guess I can manage the coffee. Then what—will you get up and fix our breakfast?

A: Of course, dear. But not right away. You see, I like to take a long shower first. Then put on a thick, soft, comfortable robe, make myself a cup of tea (with cream and sugar), and sit at my bureau—which has a big mirror—while I dry my hair and brush it. Then I brush my teeth, put lotion on my skin, and do some stretches. And then...

L: Hold on. All that must take a long time—I'm afraid I'll die of hunger before you get around to fixing breakfast. I usually bathe at night, before going to bed. And I don't brush my hair—I just comb it. So I'm dressed and ready to leave the house in fifteen or twenty minutes after waking up.

A: Not me—I need at least an hour to get ready. What do you do after leaving the house?

L: I have a simple routine—I usually walk to the bus-stop, and ride the bus to work. But if the weather is really nice, I sometimes walk all the way to work. I greet the people in the office, then I begin working. At noon I take a walk through the park nearby. And when the clock on my office wall tells me that the work-day's over, I return home. I change into comfortable clothes, and do any little jobs that need doing—like mowing the lawn, working in the garden, or fixing anything that's broken—like a window pane.

A: When do you relax?

L: Well, after dinner, I usually watch the news on TV, or listen to music on the radio. And I like to read a magazine or the newspaper—especially the editorials and sports pages. How about you?

A: When I get home, I like to work in the garden a little while. Then I have something cool to drink while I look through the mail, and then....

L: And then you fix dinner, I hope.

A: You're always thinking about food, aren't you. So yes, I guess I'll make sure to fix dinner before you get hungry and grouchy.

Términos médicos y trabajadores de la salud

Anne: Mi hermana está tomando un curso sobre interpretación médica. Está aprendiendo a trabajar como enlace cuando los especialistas de salud y sus pacientes hablan idiomas diferentes.

Luis: Me parece una buena idea. Si me enfermara en un lugar donde nadie habla mi idioma, de seguro querría contar con alguien que le describiera mis síntomas al doctor, a un especialista o a la enfermera de la sala de emergencia de un hospital o clínica.

A: A mí también. Si me doliera algo, querría poder decir qué y en dónde. Por ejemplo, "Me duele el pecho", "Tengo dolor de cabeza" o "Me duele un diente".

L: Exacto. O tal vez necesitas decir que tienes el estómago revuelto, o que tienes fiebre, o escalofríos, o tos o dolor de garganta, o que has estado estornudando. Esos son síntomas de gripe, ¿no?

A: Sí, o de un fuerte resfriado, o tal vez algo más grave. Y querrías que los trabajadores de la salud supieran que has sentido mareos, o has estado débil, o que tu visión es borrosa. Si acudes a la sala de emergencia, esa información es extremadamente importante.

L: Ajá. Incluso si lo único que necesitas es consular a un médico, debes saber qué tipo de especialista te conviene. Si sufres de dolores de pecho o tu pulso es irregular, necesitarías ver a un cardiólogo; si tienes problemas con los dientes, deberías ver a un dentista; y para problemas de la vista acudes a un oculista (también llamado oftalmólogo), quien puede recetarte gafas.

A: Para problemas de la piel, debes de ver a un dermatólogo.

L: Y si necesitas un diagnóstico puedes acudir a un médico internista. Si tienes alguna aflicción interna —como una hernia o apendicitis— tal vez necesites ver a un cirujano.

A: Todos esos trabajadores de la salud pueden ser muy útiles, siempre y cuando puedan comunicarse con sus pacientes. De ahí que el intérprete médico puede ser de gran ayuda.

L: Y si te enojas conmigo —sin motivo alguno, por supuesto— y tienes problemas emocionales o mentales, tal vez debas ver a un sicólogo o a un siquiatra.

A: Y cuando seas terco como una mula, tal vez tenga que pedir una cita para que te examine un veterinario.

Medical Terms and Workers

Anne: My sister is taking a course in medical translation—she's learning how to work as a go-between when medical professionals and their patients speak different languages.

Luis: That sounds like a good idea. If I were to get sick in a place where nobody spoke my language, I'd sure want someone who could describe my symptoms to a doctor, or a medical technician, or an emergency-room nurse at a hospital or clinic.

A: Me too. If I were having pains, I'd want to tell where they were. For example, "My chest hurts," or "I have a headache," or "My tooth aches."

L: Right. Or you might need to say that your stomach is upset, or that you have a fever, or chills, or a cough or sore throat, or that you've been sneezing. Those are symptoms of the flu, aren't they?

A: Yes, or a bad cold, or maybe something else. And you'd want to let the medical people know if you have been dizzy, or weak, or if your vision is blurry. If you're checking into an emergency room, information like that is extremely important.

L: Uh-huh. And even if you're just making a doctor's appointment, you'd still need to know what kind of specialist you'd need to see. If you're having chest pains, or your pulse is irregular, you'd need a cardiologist. If you're having problems with your teeth, you'd see a dentist, and for vision problems you'd see an oculist (also called an ophthalmologist), and maybe get glasses.

A: For skin problems, you'd make an appointment with a dermatologist.

L: And if you need a diagnosis, you could go to an internist. If you have something wrong inside your body—like a hernia or appendicitis—you might need to make an appointment with a surgeon.

A: Those medical people can be very helpful—IF they can communicate with their patients. That's why a medical translator can be so helpful.

L: And if you get angry with me—when I haven't really done anything wrong, of course—and you're having mental or emotional problems, you might want to see a psychologist or a psychiatrist.

A: And when you're acting as stubborn as a mule, I may have to make an appointment for you to see a veterinarian.

Sobre nuestra casa

Luis: Sabes, he estado pensando. Llevamos varios meses de novios, por lo cual si decidimos casarnos —quiero decir algún día, tal vez, posiblemente— deberíamos hablar sobre qué tipo de casa nos gustaría tener.

Anne: Bueno, supongo que existe la posibilidad, aunque remota, de que consideremos casarnos. Así que hablemos del tipo de casa que buscaríamos. Sé que me gustaría una que tuviera patio cercado, con un bonito césped y un jardín con flores y hortaliza. Y tal vez una terraza con mesa y sillas para picnic.

L: Deberíamos asegurarnos de que el techo esté en buenas condiciones, que tenga muchas ventanas y un porche amplio. Además me gustaría que tuviera una cochera.

A: Tengamos una sala grande, con mucho espacio para nuestros muebles. Deberíamos tener tres recámaras —una principal y dos para invitados— y cuando menos dos baños. Sería ideal tener dos lavabos en nuestro baño. Y me gustaría una tina ancha, larga y profunda. La cocina también debería de ser grande, con equipo nuevo: refrigerador, congelador, estufa y lavaplatos. Y por supuesto, horno de microondas.

L: Deberíamos de asegurarnos que los sistemas de calefacción y aire acondicionado estén en buenas condiciones. Eso es importante.

A: Claro. Y también me gustaría un gran ventilador de techo en nuestra recámara. Y que esté alfombrada. Y fotografías lindas en las paredes. Tal vez queramos volver a pintar algunas de las paredes y las puertas con colores que nos agraden.

L: Una chimenea no estaría mal. Y un sótano con espacio para mi taller… y tal vez una mesa de billar.

A: ¿Mesa de billar? ¿Y qué de mi piano y de un espacio para que pueda escribir?

L: Bueno… déjame pensar. Tu piano podría ir en la cochera, tu escritorio en el ático y…

A: Tengo una mejor idea. Pongamos tu mesa de billar en la cochera y de paso añadimos algunas cobijas y una almohada para que tengas dónde dormir.

L: Mmmm… Sabes, pensándolo bien, tal vez no necesitemos la mesa de billar. Podríamos utilizar el sótano como estancia o como sala de juegos.

A: No creo que haya problema con la mesa de billar. Mejor tratemos de encontrar una casa con espacio suficiente para acomodar todo lo que queremos.

About Our House

Luis: You know, I've been thinking. We've been dating for several months now. And just in case we should decide to get married—sometime, maybe, possibly—we should talk about what kind of house we'd like.

Anne: Well, I suppose there's some remote possibility that we might consider getting married. So let's talk about what kind of house we might look for. I know I would like a fenced yard, with a nice lawn, and a garden for flowers and vegetables. And maybe a patio, with a picnic table and chairs.

L: We'd want to make sure it has a good roof, plenty of windows, and a large porch. I'd like a garage, too.

A: Let's have a big living room, with plenty of space for our furniture. We should have three bedrooms—a master bedroom, and two for guests—and at least two baths. It would be nice to have two sinks in our bathroom. And I like a bathtub that's wide, long, and deep. The kitchen should be plenty big, too, with fairly new appliances—refrigerator, freezer, stove, and dishwasher. And of course a microwave oven.

L: We want to make sure the furnace and air-conditioning are in good shape—that's important.

A: Yes, and I'd like a big ceiling fan in our bedroom. And carpet on the bedroom floor. And nice pictures on the walls. We'll probably want to repaint some of the walls and doors, so we'll have the colors we want.

L: A fireplace would be nice too. And a basement with space for my workshop—and maybe a pool table.

A: Pool table? What about my piano, and a space for me to do my writing?

L: Well, let me think. You could put your piano in the garage, and your writing desk in the attic, and....

A: I have a better idea. Let's put your pool table in the garage, and put some blankets and a pillow on it—so you'll have a place to sleep.

L: Hmmm....You know, on second thought, maybe we won't need a pool table after all. We can use the basement for a den, or rec room.

A: Oh, maybe a pool table would be okay. Let's try to find a house with room for everything we want.

Palabras del clima

Anne: Brrrr. Hace frío y este viento hace que se sienta aún más. ¿Crees que caiga nieve?

Luis: Pues esas nubes lucen amenazadoras, así que tal vez tengamos mal clima. El pronóstico del tiempo indica que esta mañana lloverá, convirtiéndose por la tarde en aguanieve y luego en nieve.

A: Espero que no. No pienso conducir si las calles se congelan: es muy peligroso pues se vuelven resbalosas. ¿Habrá una tormenta de granizo?

L: No creo. Las granizadas ocurren usualmente en clima más cálido y cuando se presenta una tormenta eléctrica.

A: Si eso es verdad, entonces hoy no veremos ni truenos ni rayos; hay demasiado frío.

L: Sí, demasiado. Últimamente el clima ha cambiado mucho, ¿no crees? Anteayer estaba despejado, soleado y cálido.

A: Sí. Me recordó esos días de verano cuando hace mucho calor y mucha humedad. En el campo hay mucha neblina y en la ciudad mucho smog.

L: El verano es agradable, pero también causa problemas climáticos. Si se pone muy seco, los rayos pueden iniciar incendios, y en zonas áridas ocurren tormentas de arena y polvo.

A: Espera un momento, ¿por qué estamos hablando del mal clima? Es cierto, el clima puede hace muchos daños, pero también tiene su lado positivo.

L: Así que quieres mirar el lado amable de las cosas. Tienes razón: necesitamos lluvia para las cosechas, por ejemplo.

A: Y hasta la nieve tiene su lado amable: puede ser muy hermosa al caer y cuando cubre todo de blanco.

L: Eso sonó muy poético. Y sin nieve no podríamos esquiar o pasear en trineo.

A: A menos que hablemos esquí acuático, el cual es uno de mis deportes de verano favoritos.

L: Me gusta vivir donde hay estaciones con diferentes tipos de clima.

A: Buen punto. Y como por ahí dicen que la única constante del clima es que siempre cambia, ahora me gustaría que cambiase y estuviese un poquito menos frío.

Weather Words

Anne: Brrrr. It's chilly today, and the wind makes it feel even colder. Do you think it will snow?

Luis: Well, those clouds look threatening, so we may have some bad weather. The forecast said there's a good chance of rain this morning, possibly turning to sleet or snow in the afternoon.

A: I hope not. If the streets become icy, I'm sure not going to drive anywhere—it's too dangerous when the roads are slick. Do you think we might have a hailstorm?

L: No, I don't think so. Hailstorms usually happen in warmer weather, often when there's a thunderstorm.

A: If that's true, we sure aren't likely to have any thunder and lightning today—it's too cold.

L: Yes, much too cold. The weather has been changeable lately, hasn't it? Day before yesterday, it was clear, sunny, and warm.

A: I know. It reminded me of the summertime, when it was very hot, and often very humid. In the country it was often foggy, and in the city there would be smog.

L: Summer is nice, but it has its own weather problems. If it gets too dry, the lightning can start fires, and in dry areas, there can be sandstorms and dust-storms.

A: Wait—why are we talking about bad weather? It's true that weather can cause lots of damage, but it can bring good things as well.

L: So, you want to look on the sunny side, so to speak. Okay, you're right. We need rain for the crops, for one thing.

A: And even snow has its bright side—it can be beautiful—when it's falling, and when it lays a clean white coat over everything.

L: Very poetic. And without snow, it would be hard to go sledding, or skiing.

A: Unless you're talking about water-skiing, which is one of my favorite summer sports.

L: I'm glad we have seasons, with the different kinds of weather they bring.

A: You have a point. And they say the only thing constant about the weather is change. And right now, I wish it would change by becoming a little warmer.

Trabajando en un restaurante

Luis: ¿Alguna vez trabajaste cuando estabas en la escuela?

Anne: Claro. Cada verano trabajaba como mesera.

L: ¿Era duro? ¿Te gustó?

A: Bastante duro, más de lo que la mayoría de la gente piensa. Los meseros y meseras caminan mucho y casi siempre van cargando bandejas pesadas. Y además hay que estar muy pendiente de mantener las copas y vasos llenos, y contentos a los comensales. Pero en mi caso casi siempre fue divertido.

L: ¿Qué fue lo que más te gustó?

A: Conocí a mucha gente interesante, la mayoría muy amable. Me gustaba que todo luciera bonito: acomodaba la mesa de una manera artística, con las servilletas dobladas y los cubiertos —tenedores, cucharas y cuchillos— en el sitio correcto.

L: ¿También tenías que mantener llenos saleros y pimenteros?

A: Normalmente no. Eso lo hacían nuestros ayudantes, quienes se encargaban de llevar los platos sucios de regreso a la cocina. También eran ellos quienes ponían granos de arroz en los saleros para mantener la sal seca y se aseguraban de que en las mesas hubiera azúcar y otros condimentos como salsa de tomate, mostaza, algunas especias y salsa picante. Y durante los desayunos se aseguraban de que hubiera mantequilla y jaleas en cada mesa e incluso ayudaban a mantener llenas las tazas de café y los vasos de agua.

L: ¿Ellos lavaban los platos?

A: No. Había máquinas lavaplatos. Pero alguien tenía que lavar a mano las sartenes y las ollas. A quienes se encargaban de eso les llamábamos "busca perlas" [pearl-divers]. El detergente que usaban era muy fuerte y a veces irritaba la piel, así que me alegro que nunca tuve que hacerlo.

L: ¿Y te pagaban bien?

A: Ganábamos apenas el salario mínimo, por lo cual la mayoría de nuestro ingreso provenía de las propinas. Pero los clientes eran generosos y nos dejaban el veinte por ciento o más. Así que nos iba bien.

Restaurant Work

Luis: When you were in school, did you work to earn money?

Anne: I sure did. Every summer, I worked as a waitress.

L: Was it hard? And did you like it?

A: It was hard work—harder than most people think. Waiters and waitresses do lots of walking, often carrying heavy trays. And you have to be attentive, keep the cups and glasses filled, and keep the customers happy. But it was fun—usually.

L: What did you like best about it?

A: I met lots of interesting people, and almost all of them were nice. And I liked making everything look pretty—setting the table in an artistic way, folding the napkins, putting the silverware—the forks, spoons, and knives—just where they're supposed to be.

L: Did you have to keep the salt and pepper shakers filled?

A: Not usually. The busboys—who carried the dirty dishes back to the kitchen—usually did that. And they put rice in the salt to keep it dry. They also made sure there was sugar and condiments on the table—ketchup, mustard, some spices and hot sauce. And during breakfast hours, they made sure there was butter and jelly on each table, and they helped keep the coffee cups and water glasses filled.

L: Did the busboys have to wash dishes?

A: No, there were dishwashing machines to do that. But someone had to wash the pots and pans by hand. People who did that were called "pearl-divers." The soap they used was very strong, and could irritate the skin, so I'm glad I didn't have to do that.

L: Did you make good money?

A: Well, we were paid only minimum wages—so almost all of our income came from tips. But most people were generous, leaving twenty per cent or more. So we did okay.

Pesos y medidas

Anne: Lamento interrumpirte mientras trabajas en la computadora, pero necesito hacerte una pregunta. Planeo ir en auto a visitar a una amiga que vive a 500 kilómetros de aquí. ¿A cuántas millas equivale eso?

Luis: Veamos: diez kilómetros son aproximadamente seis millas, así que 100 kilómetros serían aproximadamente 60 millas. Tu viaje sería de unas 300 millas.

A: Gracias. Me gustaría que todo mundo usara el mismo sistema de medidas. El sistema británico mide el peso en libras y onzas, pero el sistema métrico lo hace en kilogramos. Es algo confuso.

L: Para mí no. Basta recordar que un kilogramo (mil gramos) equivale a 2.2 libras.

A: Entonces dos kilogramos sería poco menos de cuatro libras y media, ¿correcto?

L: Correcto: 4.4 libras. Y una libra es casi medio kilogramo. Y una onza es casi 28 gramos y un tercio.

A: Eres bueno en esto. ¿Puedes convertir pies, pulgadas y yardas en centímetros y metros?

L: Claro. Lo más fácil es entre yardas y metros, ya que son similares. Una yarda tiene 36 pulgadas, mientras que un metro es un poquito más: 39.37 pulgadas. Entre centímetros y pulgadas la cosa se complica, pero si consideras que una pulgada equivale a casi 2.5 centímetros, no te equivocarás por mucho. Así que un pie equivale a casi 30 centímetros.

A: Gracias. ¿Y qué tanto sabes sobre medidas de volumen, como onzas líquidas, cuartos de galón y galones frente a litros?

L: Fácil. Hay cuatro cuartos en un galón, y un litro es poco más que un cuarto (un litro equivale a 1.06 cuartos). Así que cuatro litros serían poco más que un galón.

A: Te lo agradezco. Por cierto, ¿por qué sabes todo eso?

L: Es que, por naturaleza, en asuntos científicos los hombres somos más inteligentes que las mujeres, querida mía.

A: Un momento… Mientras respondías no dejaste de teclear y mirar el monitor de tu computadora. Déjame ver qué estás mirando [comienza a colocarse detrás de él].

L: No, espera, se trata de información personal… [demasiado tarde: ella ha visto lo que hay en el monitor].

A: ¿Información personal? Buscaste una tabla de conversión en Google y pretendiste saber todo eso.

L: No asumas nada a la carrera. Simplemente estaba confirmando que la tabla de Google tuviese las respuestas correctas.

L: Claro, claro. Ahora que te he tomado la medida, no importa qué sistema utilice… al final siempre resultarás ser un tramposo.

Weights and Measurements

Anne: I'm sorry to interrupt you when you're working at your computer, but I have a question. I'm planning to drive to visit a friend who lives 500 kilometers away. How many miles is that?

Luis: Let's see—ten kilometers is about six miles, so 100 kilometers would be about 60 miles. Your trip would be about 300 miles.

A: Thanks. I sure wish everybody would use the same system of measurement. The English system gives weight in pounds and ounces, but the metric system uses kilograms. It's confusing.

L: Not for me. I just remember that a kilogram (a thousand grams) is about equal to 2.2 pounds.

A: So two kilos would be a little less than 4 ½ pounds, right?

L: Right—4.4 pounds. And a pound is almost half a kilogram. And an ounce is about 28 1/3 grams.

A: Hey, you're good at this. Can you also convert feet, inches, and yards into centimeters and meters?

L: Sure. Yards and meters are easy, because they're close. A yard is 36 inches, and a meter is just a little longer—39.37 inches. Centimeters and inches are a little tougher, but if you figure an inch is close to 2.5 centimeters, you won't be far wrong. So a foot is about 30 centimeters.

A: Thanks. And how about volume—you know, ounces and quarts and gallons, as compared to liters?

L: That's easy. There are four quarts in a gallon, and a liter is just a little more than a quart (one liter equals 1.06 quarts), so four liters would be a little more than a gallon.

A: I appreciate your help. Say, how do you know all this stuff?

L: Oh, men are just naturally smarter than women about scientific matters, my dear.

A: Wait—you've been punching on the keyboard and looking at your computer screen while we were talking. Let me see what you've got there—[She starts to move around behind him.]

L: No, wait, this is personal information....[Too late—she's already seen what's on his screen.]

A: Personal, is it? You've Googled a conversion table, and you've been pretending to know all that stuff.

L: Now don't jump to conclusions. Actually, I was just checking to see if the Google chart had the right answers.

L: Sure you were. But I've already taken your measure, and no matter which system I use, you come up as a big cheater.

Dando y tomando direcciones

Anne: Hoy nos esperan a cenar en casa de nuestros amigos. ¿Llamarás para pedir direcciones?

Luis: No hace falta. Sé cómo llegar… más o menos.

A: Me preocupa ese "más o menos". Nunca he entendido por qué los hombres no piden direcciones.

L: Cuando necesite direcciones, las pediré. Pero casi nunca las necesito.

A: Seguro, como aquella vez que estuvimos dando vueltas durante cuarenta y cinco minutos luego de tomar uno de tus "atajos". Además necesitamos saber a qué hora nos esperan.

L: Bien, bien. Llamaré. [llama, espera al teléfono] Hola, Francisco. Su señoría dice que debo pedir direcciones. Para calmarla, ¿podrías decirme cuál es la mejor manera de llegar a tu casa?

A: Repite lo que él te diga para anotar las direcciones.

L: Bien, tomo el expressway y avanzo tres millas hasta la salida 5-B, Broad Street. Sigo por Broad Street…

A: ¿Hacia dónde hay que doblar en Broad?

L: [hablando por el teléfono] ¿Hacia dónde en Broad? Oeste, bien. Sigo por Broad…

A: ¿Hacia dónde doblamos para ir al oeste, a la izquierda o a la derecha?

L: Mmmm… Casi estoy seguro de saber hacia dónde, pero…

A: Ponlo en altavoz para que yo pueda escuchar también.

L: Bien, ya te escucha la jefa. Adelante.

Francisco: Dobla a la izquierda para ir hacia el oeste. Avanza unas seis cuadras y dobla a la derecha en Main Street. Si ves una iglesia grande, te pasaste, así que da la vuelta en "U" y regresa. Ahora tendrás que doblar a la izquierda en Main. Sigue sobre Main hasta el segundo semáforo.

A: ¿Doblamos al llegar al semáforo?

F: No. Deben avanzar una cuadra más y doblar a la izquierda en Second Avenue.

A: ¿Tenemos que pasar sobre el puente? Pregúntale si…

F: Te escucho. Sí, una vez crucen el puente tomen la glorieta y salgan por la tercera calle, que está marcada como "Community College".

A: Bien. ¿Y luego?

F: Pasando el campus, cuando vean una señal ámbar intermitente, doblen a la derecha en Lakeshore Road. Sigan dos cuadras por esa calle, doblen a la derecha en New Home Road y llegarán a un cul de sac. Mi casa es la de la mitad, la número 1873.

L: Muy bien, gracias. Nos vemos a las 7:30. [cuelga]

A: Listo, anoté todo. Ya sé que no las necesitas, pero me llevaré las direcciones en caso de que a mí se me olvide cómo llegar.

Giving and Taking Directions

Anne: We're supposed to go to our friends' house for dinner. Will you call and ask for directions?

Luis: Oh, there's no need for that. I know how to get there—sort of.

A: Your "sort of" makes me uneasy. I don't understand why men won't ask for directions.

L: If I need directions, I'll ask. But I almost never need them.

A: Right—like the time we wasted forty-five minutes taking one of your "short cuts." And what about the time....?

L: Okay, okay—I'll call. [He dials, waits.] Hello, Francisco? Her majesty tells me I need to get directions. To pacify her, will you tell me the best way to get there?

A: Repeat what he says, and I'll write it down.

L: Okay, I get on the expressway, and after about three miles, I take the Broad Street exit—5-B. I follow Broad Street...

A: Which way do you turn on Broad?

L: [into phone] Which way on Broad? Okay, West. I follow Broad...

A: Which way do we turn to go west—left or right?

L: Mmmm....I'm pretty sure I know, but...

A: Put him on the speaker, so I can hear, too.

L: Okay—the boss is listening now. Go ahead.

Francisco: You turn left to go west. Drive straight ahead for about six blocks, and turn right onto Main Street. If you see a big church, you'll know you've gone too far—so make a U-turn, and come back. This time, of course, you'll turn left onto Main. Stay on Main until the second traffic light.

A: Do we turn at the light?

F: No—go straight ahead for one more short block, then turn left at the stop sign, onto Second Avenue.

A: Does that take us across the bridge? Ask him if it....

F: I hear you—and yes it does. Cross the bridge, drive halfway around the traffic circle that's on the other side, and take the exit marked "Community College."

A: Okay, then what?

F: Go past the campus, and at the flashing yellow light, turn right onto Lakeshore Road. Follow that for two blocks, turn right onto New Home Road, and you'll soon come to a cul de sac. My house is about halfway around; the house number is 1873.

L: Okay, thanks. We'll see you at 7:30. [Hangs up.]

A: Okay, I wrote it all down. Of course you don't need it, but I'll take it along, just in case...umm...that I forget some of the directions.

Buscando casa

[Un agente de bienes raíces se dispone a mostrar una casa a nuestra joven pareja]

Agente de bienes raíces: Creo que les gustará la casa que voy a mostrarles. Tiene tres recámaras, muchas ventanas, un patio grande y cochera para dos autos.

Luis: ¿Tiene terraza?

BR: Así es, en la parte de atrás. Es grande y la construyeron hace apenas tres años.

Anne: Excelente. Nos gusta invitar a nuestros amigos y asar hamburguesas y perros calientes en la terraza. ¿Está cercado el patio trasero? Tal vez adquiramos un perro, o un gato, y tal vez se me antoje tener un jardín para sembrar flores y vegetales.

BR: Tiene una cerca muy buena. Mantendrá dentro a sus mascotas y fuera a otros animales. Esta es la casa, la que está al final del cul de sac. Voy a estacionarme en la entrada, la cual, como podrán ver, es ancha y le caben dos autos. Además hay un camino que lleva hasta un porche agradable y amplio.

L: Parece que el techo está en muy buenas condiciones. ¿Tiene sótano? Me gustaría tener un taller y una sala de juegos o estancia.

BR: Tiene un sótano bastante amplio y un ático lo suficientemente grande para almacenar muchas cosas. Aquí tienen la llave de la puerta principal. Podemos entrar. [ingresan y el agente cierra la puerta detrás de ellos]

A: Aparentemente hay suficiente espacio para nuestros muebles. Me gusta el piso de madera en la sala y en el comedor.

BR: El piso es casi nuevo. No necesitará arreglo por varios años. Si vienen conmigo podrán ver que las recámaras están alfombradas y los pisos de la cocina y los baños son de cerámica.

L: La pintura en las paredes, puertas y ventanas luce en buenas condiciones.

BR: Correcto. Todo fue pintado el mes pasado, cuando los dueños decidieron poner la casa en venta. El cristal de una de las ventanas estaba roto, pero ya lo arreglamos.

A: Veamos el resto y después necesitaremos tiempo para pensarlo.

BR: Bien. Ya tienen mi tarjeta; les llamaré en unos cuantos días. Ahora terminemos con nuestra visita.

House-Hunting

[A real-estate agent is taking the couple to look at a house.]

Real-estate agent: I really think you'll like the house I'm taking you to see. It has three bedrooms, lots of windows, a big yard, and a two-car garage.

Luis: Does it have a deck?

RE: Indeed it does, on the back of the house—a large one, built only three years ago.

Anne: Great—we like to have friends over and grill hamburgers and hot dogs on the deck. And is there a fence around the back yard? We may get a dog or cat, and I might want to have a garden, to grow some flowers and vegetables.

RE: Yes, a good fence. If you have pets, it will keep them in—and keep other animals out. Here's the house now, the one at the end of the cul de sac. I'll park in the driveway, which as you can see is plenty wide enough for two cars. And there's a sidewalk leading to a nice big porch.

L: The roof appears to be in very good shape. Is there a basement? I'd like to have a workshop, and a rec room, or den.

RE: Yes, it has a roomy basement, and there's an attic that's big enough to give you lots of extra storage room. Here's the key to the front door. You can open it up, and we'll go in. [They enter, and the real-estate agent closes the door behind them.]

A: Well, it looks like there's plenty of room for our furniture. And I like these hardwood floors in the living room and dining room.

RE: The floors are almost new—they won't need refinishing for several years. And if you'll follow me, you'll see that there's carpet in the bedrooms, and the floors in the kitchen and bathrooms are ceramic tile.

L: Looks like the paint on the walls, doors, and window frames is all in good shape.

RE: Right you are. Everything was repainted last month, when the owners decided to put the house up for sale. The glass in one window pane was broken, but we had that fixed.

A: Well, let's look at the rest of it, and then we'll think it over.

RE: Okay, you already have my business card, and I'll follow up with a phone call in a few days. Now let's finish our inspection tour.

Lección de anatomía

Anne: Luis, ¿estás listo para nuestra siguiente lección? Es un juego para aprender los nombres de partes de nuestro cuerpo. Voy a leer algunas frases en voz alta y cuando haga una pausa, tu repetirás la última palabra que diga en el otro idioma. ¿Listo?

Luis: Claro. Siempre estoy listo para jugar contigo.

A: Sobre mi cabeza está mi *cabello* [haga una pausa después de las palabras en itálicas] y a cada lado de mi cabeza hay una *oreja* que sirve para *escuchar*. El frente de mi cabeza es mi *cara*, la cual tiene varias partes. Huelo con mi *nariz*, beso con mis *labios* y veo con mis *ojos*. La parte superior de mi cara, entre mis ojos y mi cabello, es mi *frente*.

Mastico la comida con mis *dientes* y la saboreo con mi *lengua* (la cual utilizo también para hablar). La parte inferior de mi cara, debajo de mi boca, es mi *mentón*.

Mi *cuello* conecta mi cabeza a mi *cuerpo* (también le llamamos *torso*). Abrazo con mis *brazos*, los cuales se doblan al centro por mis *codos*. Mis brazos están conectados a mi cuerpo por los *hombros*. Al final de cada brazo tengo una *mano*, la cual tiene cinco *dedos*. La parte flexible entre mi mano y mi brazo es mi *muñeca*.

El cinturón se coloca alrededor de la parte media de mi cuerpo, que se llama *cintura*. Debajo de mi cintura están mis *caderas*.

Cuando camino o corro, mis piernas se doblan por mis *rodillas*. Al final de cada pierna hay un *pie*, el cual tiene *dedos*. La parte flexible entre la pierna y el pie se llama *tobillo*. Al final de cada dedo hay una parte dura y delgada llamada *uña* (tanto en las manos como en los pies).

Lo hiciste bien. Hay muchos otros nombres para otras partes del cuerpo, pero éstas son las palabras que utilizarás más.

L: Dijiste que lo hice bien, así que deberías colocarme una medalla en el *pecho* o al menos darme una palmadita en la *espalda*.

The Anatomy Lesson

Anne: Ready for our next lesson, Luis? It's a game to learn the names for parts of our bodies. I'll read some sentences aloud, and when I pause after a word, you'll repeat that word, in the other language. Ready?

Luis: Of course, I'm always ready to play games with you.

A: On top of my head is my *hair* [pause after italics], and on each side of my head is an *ear* to hear with. The front of my head is called my *face*, which has several parts. I smell with my *nose*, and kiss with my *lips*, and see with my *eyes*. The top of my face, between my eyes and my hair, is called my *forehead*.

I bite food with my *teeth*, and taste it with my *tongue* (which I also talk with). The bottom part of my face, under my mouth, is my *chin*.

My *neck* connects my head to my *body* (or *trunk* or *torso*). I give hugs with my *arms*, which bend in the middle at the *elbows*. My arms are connected to my body at my *shoulders*. At the end of each arm is a *hand*, which has five *fingers*. The flexible part between my hand and my arm is called my *wrist*.

My belt goes around the middle part of my body, which is called my *waist*. Just below my waist are my *hips*.

When I walk or run, I bend my legs at the *knees*. At the end of each leg is a *foot*, which has five *toes*. The flexible part between the leg and foot is called the *ankle*. At the end of each toe (and each finger) is a hard, thin part called a *nail* (toenail or fingernail).

Okay, you did well. There are lots more names for other parts of the body, but these are the words you'll need most often.

L: You said I did well, so you should pin a medal on my *chest*, or at least give me a pat on the *back*.

Formas y colores

Luis: Es interesante cómo la palabra "fútbol" tiene diferentes significados en diversos países. En América Latina se refiere a un deporte que se juega con un balón redondo que tiene pentágonos y hexágonos en blanco y negro. Y en los Estados Unidos, el fútbol se juega con un ovoide hecho de piel color café.

Anne: Así es, asociamos las formas y los colores con diversas cosas. Por ejemplo, los campos de béisbol tienen forma de diamante y cuando conducimos el color rojo usualmente significa "pare" y casi todas las señales son octagonales.

L: Pero los semáforos usualmente son circulares: rojo para pare, verde para siga y amarillo para precaución. (Algunos incluyen flechas para doblar). Las señales para indicar los límites de velocidad usualmente son cuadradas o rectangulares, con letras negras sobre fondo blanco. Las señales de "Ceda el Paso" (Yield) son triangulares y aquellas de información en las carreteras interestatales son usualmente verdes.

A: Mi hermana, la artista, dice que hay tres colores primarios: rojo, azul y amarillo. Puedes mezclarlos para obtener cualquier color. Mezcla azul y amarillo y obtendrás verde. Rojo y azul, al mezclarse, producen morado o violeta. Y cuando combinas rojo con amarillo obtienes naranja.

Luis: ¿Así que todos los otros colores son resultado de la combinación de los tres colores primarios? Muy interesante. Me pregunto si todos los colores existen en la naturaleza.

A: Veamos: las rosas son rojas y las violetas son azules, lo mismo que el cielo.

L: El césped y las hojas son verdes… y de alguien joven o inexperto también podemos decir que está verde.

A: Las uvas son moradas y… dime algo que sea naranja.

L: Las naranjas son naranja.

A: Creo que hiciste trampa. ¿Puedes pensar en algo que sea beige?

L: Beige es un tono de café claro. Algunos troncos de árbol son beige, otros café oscuro. Y la tierra usualmente es café. ¿Qué colores no hemos mencionado?

A: No hemos mencionado el turquesa, el rosa, el marrón…

L: Esos son colores de niña. No es tema para hombres.

A: El problema contigo es que siempre ves las cosas en blanco y negro.

L: Y si mezclas blanco con negro el resultado es gris, ¿cierto?

A: Así es. Y hay quienes llaman a nuestros cerebros "materia gris". Y creo que a aquellos hombres que no mencionan ciertos colores les hace falta materia gris.

L: Y si continúas insultando al sexo masculino de esa manera, harás que me ponga rojo de coraje.

Shapes and Colors

Luis: It's interesting that the word "football" has different meanings in different countries. In Latin America, it's a game played with a spherical ball made of black and white pentagons and hexagons. And in the United States, a football is an oval-shaped ball made of brown leather.

Anne: Yes, that is interesting—we associate shapes and colors with lots of things. For example, baseball infields are diamond-shaped, and in driving the color red usually means "stop," and most stop-signs are octagonal.

L: But traffic lights are usually circular—red for stop, green for go, and yellow for caution. (Some use arrows for turn signals.) Signs for speed limits are usually square or rectangular, with black letters on a white background. "Yield" signs are triangular, and information signs on Interstate highways are usually green.

A: My sister is an artist, and she says that there are three primary colors—red, blue, and yellow. You can mix these to get any other color. Mix blue and yellow, and you'll get green. Red and blue mixed together will produce purple, or violet. Combining red and yellow will give you orange.

Luis: So all the other colors are combinations of only three primary colors? That's interesting. I wonder if all the colors are found in the natural world.

A: Well, roses are red, and violets are blue—and the sky is blue, too.

L: The grass and leaves are green—and someone who's young or inexperienced is called green.

A: Grapes are purple, and…let's see, what's orange?

L: I know—oranges are orange.

A: Wait—that's cheating. I think. So, can you think of anything that's beige?

L: Mmmm…beige is a shade of brown—light brown. So some tree trunks are beige, and some are dark brown. And dirt is usually brown. Have we left out any colors?

A: We haven't mentioned turquoise. Or pink. Or maroon. Or…

L: Those are sissy colors: Real men don't talk about such things.

A: That's your problem. To you, most things are simply black or white.

L: If you mix black and white, you get gray, don't you?

A: Yes, you do. And some people call our brains "gray matter." I think that men who won't talk about certain colors may be a little short on gray matter.

L: Please don't talk about my gender like that. You'll make me feel blue.

Un viaje a la granja

Luis: ¿Ves esa cerca blanca, aquella con los campos verdes detrás? Es la granja de mi tío. Te gustará: podrás ver aves y flores, mariposas y muchos animales domésticos.

Anne: No he pasado mucho tiempo cerca de animales, solamente algunas mascotas, como perros y gatos, con sus cachorros y gatitos. ¿Qué otro tipo de animales tienen?

L: Mejor estacionamos el auto y te voy mostrando los animales mientras caminamos. Obviamente hay vacas, como las que puedes ver en aquel campo. Mi tía las ordeña y prepara queso y mantequilla. Ese es un toro, en un corral para él solo. Esos animales blancos y lanudos son ovejas, y los más pequeños son cabras; en inglés a los machos se los llama billy goats y a las hembras nannies. A mis primos les gusta montar, así que tienen algunos caballos. ¿Los ves en aquel corral, a un costado del granero?

A: Sí, lindos caballos. ¿Pero qué tipo de animales son esos que están al otro lado de la cerca? Parecen caballos, pero un poco chistosos.

L: No son caballos, pero sí son parientes de éstos. La más grande es una mula. Y el otro, el más pequeño, un burro.

A: Me gusta el burrito. Parece un caballito de juguete, o un pony. ¿Cuál es la diferencia?

L: El burro es una especie aparte, pero la mula es un híbrido, resultado de cruzar un caballo y un burro. Las mulas son fuertes y testarudas, y hay quienes dicen que no son muy brillantes.

A: Me recuerda a alguien que conozco, pero no voy a mencionar su nombre.

L: Sacaste las uñas* con ese comentario. Hablando de uñas, la mayoría de las granjas tiene gatos de granero. Son más feroces que los gatos domésticos, viven fuera de la casa y usualmente duermen en el granero. Los granjeros los aprecian ya que cazan ratas y ratones que se comen los granos utilizados para alimentar al ganado.

A: Mira esos cerdos en el chiquero. ¿Los vende tu tío?

L: Sólo cuando tiene más de los que necesita. Se crían principalmente para alimentar a la familia. Con ellos puedes hacer tocino, salchichas y chuletas de cerdo. Mira los pollos detrás de esa cerca. Muchas gallinas y algunos gallos.

A: Me imagino que los crían para utilizar sus huevos, ¿cierto?

L: Esa es una de las razones. Además, mi tía cocina muchos platillos con pollo. También tienen pavos, algunos patos y gansos, los cuales veremos cuando bajemos por el estanque. Es poco profundo, apenas tres o cuatro pies, pero hay peces. Mis primos y yo solíamos pescarlos y mi tía los cocinaba fritos. Hablando de comer, aquí viene mi tía, quien querrá que comamos apenas lleguemos a la casa; ella demuestra su afecto cocinando. Estoy seguro que horneó un pastel y que habrá helado. Así que come con ganas todo lo que te sirva y te ganarás su cariño.

*sacar las uñas = to bare one's claws, or nails

A Trip to the Farm

Luis: See that white fence up ahead, with the green fields behind it? That's my uncle's farm. You'll like it—you'll see birds and flowers, butterflies, and lots of farm animals.

Anne: I haven't been around animals very much—just pets—like a few dogs and cats—with their puppies and kittens. What other animals do they have?

L: Well, let's park the car, and I'll show you the animals as we walk around. Of course there are cows, like the ones you can see in the field over there. My aunt milks them, and makes cheese and butter. And that's a bull, over there in a separate enclosure. Those white, wooly animals are sheep, and the smaller animals are goats—the males are called billy goats, and the females are called nannies. My cousins like to ride, so they keep a few horses—see them in the corral beside the barn?

A: Yes, I see all the pretty horses. But what are those other animals there—on the other side of the fence? Are they some kind of funny-looking horses?

L: No, but they're related to horses. The bigger one is a mule. And the smaller one-- that's a donkey.

A: The little donkey's cute—like a toy horse, or a pony. What's the difference?

L: The donkey is a separate species, but the mule is a hybrid—a cross between a horse and a donkey. Mules are strong and stubborn—and some people say they're not too bright.

A: Hmmm…sort of like somebody I know—but whose name I won't mention.

L: That's a catty remark. Speaking of cats, most farms have barn cats. They're tougher than house cats, and they live outside all the time—usually sleeping in the barns. Farmers like them because they catch rats and mice that eat the grain used to feed livestock.

A: Look at the pigs in the pen there. Does your uncle sell them?

L: Sometimes, if he has more than he needs. But the biggest reason for raising them is for the family's food—like bacon, sausage, and pork chops. And look at all the chickens over there behind the wire fence—lots of hens, as well as a few roosters.

A: I suppose they raise them for eggs, don't they?

L: Yes, that's one reason. Also, my aunt cooks lots of chicken. They also have a few turkeys—as well as some ducks and geese—we'll see them when we go down to the pond. The water's rather shallow—only three or four feet deep. But there are fish in it—my cousins and I used to catch them, and my aunt would fry them up for us. Speaking of eating, here comes my aunt, who'll want us to come on in and eat right away—to her, food is love. I'm sure she has baked a cake, and will have ice cream. So eat hearty, empty your plate, and she'll love you.

Trabajos, oficios y carreras

Luis: Estaba pensando que nuestros amigos y familiares tienen diversos talentos, realizan diversos trabajos y practican diversas profesiones. Tu hermana es contadora, tu hermano es ingeniero y tu padre es gerente de un supermercado.

Anne: También tenemos artistas en la familia. Tu madre pinta, mi hermano es escultor y ambos tenemos familiares que son actores y músicos. Tú tocas dos instrumentos y yo canto un poco.

L: Cantas muy bien y tu escritura es buena. De seguro te fue bien en la escuela, lo cual me recuerda que algunos de nuestros familiares se dedican a la educación: algunos son maestros, otros administran escuelas y otros más son tutores.

A: Es verdad. Sin embargo muchos de nuestros familiares trabajan con las manos. Tu tío es carpintero, tu primo es cartero, tu sobrino es albañil y tu cuñado es electricista.

L: Mi sobrina es mecánica. De hecho, es la gerente de un pequeño taller. Cada vez más mujeres desempeñan oficios como ese, lo cual me alegra. Necesitamos gente que pueda construir y reparar cosas, y las mujeres pueden hacer casi todo eso bastante bien.

A: Cierto. Anteriormente se pensaba que algunos trabajos eran "para mujeres", como estilista, secretaria, asistente administrativa, higienista dental, cajera y maestra.
Ahora las mujeres también trabajan como arquitectos, médicos, programadores de computadoras y mucho más.

L: Y los hombres han cruzado el umbral para realizar algunos trabajos "para mujeres". Tenemos enfermeros, maestros, peluqueros e incluso algunos se hacen cargo del hogar mientras sus esposas trabajan. ¿Sabes? Esa idea me gusta.

A: De eso estoy segura. Hay mujeres que trabajan como gerentes de tiendas, supervisoras, policías, bomberos e incluso muchas son empresarias.

L: Sí, cuando un amigo fue una entrevista de trabajo, se sorprendió al enterarse que la propietaria de la constructora era una mujer.

A: Los tiempos cambian, para el bien de todos.

Jobs, Trades, and Careers

Luis: I was just thinking--we have friends and family members with lots of different talents, who work in lots of different jobs and careers. Your sister is an accountant, your brother is an engineer, and your father is the manager of a supermarket.

Anne: We have artistic talent in the family, too. Your mother is a painter, my brother is a sculptor, and we both have relatives who are actors and musicians. You yourself play two instruments, and I sing a little.

L: You sing very well—and you write well. You must have done well in school. That reminds me—some of our relatives work in education—as teachers, school administrators, and tutors.

A: That's true. Yet many of our relatives work with their hands. Your uncle is a carpenter, your cousin delivers mail, your nephew is a stone-mason, and your brother-in-law is an electrician.

L: My niece is a mechanic. In fact, she's the manager of a small-engine repair shop. It's becoming more common for women to work in the trades. I'm glad of that. We need people who can build and repair things, and women can do most of the work quite well.

A: Yes—in the old days, some jobs were thought of as "women's work"—jobs like beautician, secretary, administrative assistant, dental hygienist, cashier, and teacher. Now women are also working as architects, physicians, computer programmers, and lots more.

L: And men are moving across the line into some "women's jobs." We have male nurses, men teachers, hairdressers—and some men are "stay-at-home" husbands whose wives work outside the home. You know, I sort of like that idea.

A: I'm sure you do. Women are sales-managers, supervisors, police officers, firefighters—and many now own and run their own businesses.

L: Yes, my friend went in for an interview, and was surprised to find that the owner of the construction company was a woman.

A: Well, the times sure are changing—and that's a good thing for all of us.

De compras

Anne: Si decidimos comprar la casa que visitamos tendremos muchos pendientes.

Luis: Sí, noté que hay varias cosas que quiero cambiar, arreglar o pintar.

A: Me refiero a que tendremos que comprar muchas cosas. Es posible que los dueños dejen algunas cosas, como las persianas, pero tendremos que comprar todo lo demás, incluyendo muebles. Necesitaremos mesas, sillas, un sofá, y…

L: … y una cama, por supuesto. Además de lámparas y cosas por el estilo. También tendré que ir a una ferretería por una escalera, pintura, brochas y algunas herramientas.

A: Necesitaremos comprar víveres, vitaminas y medicamentos. ¿Sabes si hay alguna farmacia o supermercado cerca?

L: Sí, recuerdo haber visto un supermercado y estoy casi seguro que hay una pequeña farmacia a dos cuadras. Aunque tal vez nos convendría ir al centro comercial y comprar en un almacén de rebajas. Puedes encontrar de todo en un solo lugar — abarrotes, artículos para el hogar, equipo deportivo— incluso ropa.

A: Ya sé que podemos ahorrar dinero si compramos en uno de esos almacenes tipo bodega, pero cuando podamos me gustaría comprar en un pequeño negocio familiar.

L: Bien, en el almacén de rebajas solamente compraremos las cosas más caras. ¿Utilizas tarjetas de crédito para la mayoría de tus compras o pagas en efectivo?

A: Usualmente pago con cheque. No me gusta cargar con mucho dinero en efectivo.

L: Yo no tengo ese problema ya que nunca tengo mucho dinero.

A: Hablando de dinero, gastaremos más comiendo en restaurantes mientras compramos lo necesario para cocinar en casa. ¿Hay buenos lugares para comer en nuestro nuevo vecindario?

L: Me imagino. Hay un pequeño café a una cuadra y un deli en la esquina donde podríamos desayunar y comer sándwiches o pizza durante el almuerzo. También noté que hay una taberna en caso de que queramos salir a tomar algo o bailar alguna noche.

A: Sabía que ubicarías los bares y centros nocturnos; los encuentras primero que nada.

L: Así es. Si me pones a trabajar muy duro arreglando nuestra casa nueva, trataré de convencerte y salir a escuchar algo de música, comer un bocadillo y tomarnos algo.

Shopping

Anne: If we decide to buy the house we looked at, we'll have lots to do.

Luis: Yes, I noticed several things I want to change, or fix, or paint.

A: No, I mean shopping. You know, buying stuff. The previous owners may leave some things—like window-blinds. But we'll have to buy everything else—including furniture. We'll need tables, chairs, a sofa, and…

L: …and a bed, of course. And lamps and such. And I'll need to go to a home-maintenance store for a ladder, paint, brushes, and a few tools.

A: We'll need to stock up on food, as well as vitamins and health supplies. Is there a pharmacy or grocery store nearby?

L: Yes, I remember seeing a grocery store, and I'm pretty sure there's a little drug store a couple of blocks away. But maybe we'll want to go to the mall, to shop in a discount store. They have all kinds of things in one store—groceries, home furnishings, sports equipment—even clothes.

A: Well, I know we can save money if we shop at a big-box discount store, but I prefer to shop at one of the small, family-owned businesses when we can.

L: Okay, we'll only buy the more-expensive items at the discount store. Do you use credit cards for most purchases, or pay cash?

A: I usually pay by check. I don't like to carry too much cash.

L: That's never been a problem for me. I never have too much money.

A: Speaking of money, we'll be spending more eating out at restaurants, until we buy what we need to cook at home. Are there any nice places to eat in our new neighborhood?

L: I think so. There's a little café in the next block, and a delicatessen on the corner—we'll be able to get breakfast there, and sandwiches or pizza for lunch—and soft drinks, of course. I also noticed a tavern, in case we want to have a drink or maybe dance a little some evening.

A: I knew you'd know about the bars and clubs—you always seem to find those first.

L: That's true—in case you make me work too hard getting our new house ready, I'll try to lure you out to listen to a little music, and maybe have a snack and something to drink.

Pueblos y ciudades

Luis: ¿Qué te gusta más, vivir en la ciudad o en el campo?

Anne: Crecí en un pueblo pequeño y me mudé a la ciudad siendo adulto. Me costó trabajo adaptarme a la ciudad con sus enormes edificios. Algunos eran tan grandes que apenas y alcanzaba a ver dónde terminaban.

L: Creo que por eso los llaman rascacielos. Visité varias veces el World Trade Center, cuando todavía estaban las torres, y siempre me daba miedo subir por los ascensores, pues iban muy rápido.

A: Así son la mayoría de los edificios de oficinas. Pero casi todas las tiendas departamentales y edificios de apartamentos tienen escaleras eléctricas, además de escaleras normales, por supuesto.

L: Las calles son muy anchas, algunas con seis u ocho carriles. Y con tanto tráfico — autos, autobuses, camiones y taxis— me costaba trabajo ubicarme.

A: Cierto. A veces tenía que cargar con un mapa. Pero la cosa se torna más fácil una vez que entiendes cómo ha sido diseñado el plano urbano. Por ejemplo, Washington D.C., la capital de Estados Unidos, donde viví un par de años, tiene un sistema que funciona muy bien.

L: Me alegra saber que algo funciona en Washington. ¿Cómo fue diseñado el plano urbano?

A: Verás, la ciudad está dividida en cuatro cuadrantes, con el Capitolio más o menos al centro. Las calles que llevan directo al Capitolio en inglés se llaman calles Capitol — East Capitol Street, West Capitol Street, y así en adelante. Dichas calles demarcan los cuadrantes, los cuales también fueron nombrados dependiendo de su ubicación en el mapa— suroeste, sureste, noroeste y noreste.

L: Eso suena muy útil, especialmente para los turistas.

A: Claro. Hay otras cosas que pueden ayudar, por ejemplo, aquellas calles que van hacia el norte o hacia el sur suelen ser numeradas. Si caminas hacia el este desde el Capitolio (sobre la East Capitol Street), al final de la primera cuadra hallarás First Street, una cuadra después estará Second Street, y así en adelante.

L: ¿Y qué pasa con las calles que van de este a oeste?

A: La mayoría se identifica con letras, pero no todas. Por ejemplo, una avenida al sur de la ciudad, llamada Constitution Avenue, va de este a oeste. Si caminas hacia el norte desde Constitution Avenue cruzarás varias calles identificadas con letras y en orden alfabético: C, D, E, F y así en adelante, con otras calles que se cruzan, como Pennsylvania Avenue, donde se encuentra la Casa Blanca.

Towns and Cities

Luis: Do you prefer living in the city, or in the country—in a rural area?

Anne: Well, I grew up in a small town, and moved to the city as an adult. It was hard getting used to the city, with its huge buildings. Some were so big you could hardly see the tops.

L: I guess that's why they're called skyscrapers. I was in the World Trade Center a few times when the towers were still there, and the elevators went so fast it was almost scary.

A: Yes, a lot of the office buildings are like that. But most of the big stores and apartment buildings have escalators—of course they have stairs, too.

L: The streets are so wide—some have six or eight lanes. And the traffic—so many cars, buses, trucks, and taxis. It was hard for me to find my way around.

A: I know. Sometimes I had to carry a map with me. But it gets a little easier after you figure out how the streets are arranged. For example, I lived for two years in Washington D.C., the U.S. capital city, and it has a system that works pretty well.

L: I'm glad something in Washington works well. So how are the streets arranged?

A: Well, the city is divided into four quadrants, with the Capitol building in the center, more of less. The streets leading directly to the Capitol building are called Capitol Streets—East Capitol Street, West Capitol Street, and so on. Those streets mark the borders of the quadrants. And the quadrants are named by their locations on the map, too—southwest, southeast, northwest, northeast.

L: That seems helpful, all right—especially for tourists.

A: Yes, and there are other things that help. For example, streets that run north and south are usually numbered streets. If you leave the Capitol building and walk east (on East Capitol Street), at the end of one block you'd come to First Street, one more block and you'd come to Second Street, and so on.

L: How about the streets running east to west?

A: Most of them have letters for names—but not all. For example, Constitution Avenue, in the southern part of the city, runs east to west. If you walk north from Constitution Avenue, you'll cross lettered streets, in alphabetical order—C, D, E, F, and so on, with a few other streets mixed in—like Pennsylvania Avenue, where the White House is.

L: ¿Alguna calle es diagonal?

A: Varias. La mayoría llevan nombres de estados, como North Carolina, Virginia, Connecticut, entre otros.

L: Utilizaste varias palabras, como calle, avenida y camino. ¿Cuál es la diferencia?

A: Buena pregunta, aunque me temo que no tengo una respuesta clara. En Washington, la mayoría de las "calles" (streets) son numeradas: 9th Street, 16th Street, etc. Y la mayoría de las calles que llevan nombres de estados son "avenidas" (avenues). Pero eso no aplica en otros lugares: como en la 5ª Avenida de Nueva York. Además, mucha gente considera que un "camino" (road) es algo típico de las áreas rurales, pero hay caminos en las ciudades. También hay "bulevares" (boulevards), cuyos carriles suelen estar separados por camellones con césped o árboles.

L: ¿Entonces las palabras calle, camino, avenida y otras pueden tener diferente significado?

A: Correcto. Por su nombre no podrás saber qué tan grande, ancha o recta es, pero sí podrás saber dónde te encuentras.

L: Are any of the streets diagonal?

A: Yes, several. Most of those are named for states—like North Carolina, Virginia, Connecticut, and so on.

L: You used different words—like street, avenue, and road. What's the difference?

A: Good question, but there's no clear answer. In Washington, most of the "streets" are numbered—9th Street, 16th Street, etc. And most of the streets named after states are "avenues." But in other places it's different—like the famous 5th Avenue in New York. And many people think of a "road" as something you'd find in rural areas, but there are "roads" in cities. We also have "boulevards," which often have a strip of grass and trees between the traffic lanes.

L: So the names—streets, roads, avenues and such—can mean different things?

A: Right—you can't be sure by the name how big or wide or straight it is. But still, the names do help us find our way around.

Empacando para un viaje

Anne: Antes de que comiences en tu nuevo trabajo, hagamos un viaje.

Luis: Buena idea. Podemos tomarnos dos semanas de vacaciones y así tendremos tiempo de manejar por las montañas y luego ir a la playa.

A: Si hacemos eso tendremos que llevar ropa para diferentes tipos de clima — cálido, frío, lluvioso. Hagamos una lista. Voy a necesitar vestidos, blusas y faldas. Y deberíamos llevar un suéter y una chaqueta.

L: Y ambos necesitaremos pantalones cortos. Además de zapatos, unos para caminar, otros para jugar tenis. Y medias, algunas de algodón, otras de lana. También debemos llevar nuestros trajes de baño y sombreros para protegernos del sol cuando caminemos por la playa.

A: Y yo voy a necesitar por lo menos un buen vestido, por si vamos a bailar o a cenar.

L: Tal vez deba llevar mis viejos pantalones de mezclilla. Y espero que lleves esos pantalones de mezclilla y ese suéter rosa de cuello de tortuga que tanto me gustan.

A: Lo haré. También empacaré tu nueva chaqueta deportiva y una corbata, tus pantalones color caqui y la correa de cuero que te gusta. Y algunos pañuelos.

L: También necesitaremos lentes de sol. Quizá deberíamos llevar un paraguas por si llueve. Y si hay mucho frío en las montañas, tal vez necesitemos guantes.

A: Bien. Empacaré para cada uno, además de un par de bufandas: lana para ti, seda para mí. También empacaré nuestra ropa interior y nuestras piyamas. ¿Crees que necesitemos algo más?

L: Necesitaremos dinero.

A: Sí, pero lo mejor será no llevar mucho dinero en efectivo. Usaremos nuestras tarjetas de crédito cuando podamos.

L: Muy bien, voy por las maletas para comenzar a empacar.

Packing for a Trip

Anne: Okay, before you start your new job, let's go on a trip.

Luis: Good idea. We can have a two-week vacation. That would give us enough time to drive through the mountains, and then to the beach.

A: If we do that, we'll need to pack clothing for different kinds of weather–warm, chilly, rainy. Let's make a list. I'll need to take dresses, blouses, and skirts. And we should each take a sweater and a jacket.

L: And we'll both need shorts. Plus shoes–some for walking, others for tennis. And socks—some cotton, and some wool. We'll also need to take our swimming suits, and hats to protect us from the sun when we walk on the beach.

A: I'll need at least one nice dress, in case we go out dancing or to dinner.

L: Maybe I'll pack my old denim pants. And I hope you'll take those blue jeans and pink turtleneck I like so much.

A: I plan to. And I'll pack your new sport coat and tie, your khaki pants, and the leather belt you like to wear with them. And some handkerchiefs.

L: We'll need sunglasses, too. And maybe we should take an umbrella, just in case it rains. And if it gets cold enough in the mountains, we may need gloves.

A: Right–I'll pack some for each of us, and a couple of scarves—wool for you, silk for me. And I'll pack our underwear, and our pajamas. Can you think of anything else we need?

L: The only other thing we need to take is money.

A: Yes, but it's better not to carry too much cash. We'll use our credit cards when we can.

L: Okay, I'll get the suitcases, so we can start packing.

Gente de nuestro mundo

Luis: La gente es tan diferente. Como mi abuelo decía ——"Se requiere toda clase de gente para formar un mundo, y ya todos están aquí".

Anne: Ingenioso, pero cierto. Hay gente buena y hay gente mala, ruda y cortés, considerada y desconsiderada, bonita y fea, inteligente y estúpida.

L: Así es. Hay gente amigable, útil y generosa, siempre dispuesta a compartir, pero hay otros que son tacaños, no quieren compartir nada, ni siquiera una sonrisa. Y lo que es peor, hay gente codiciosa que desea lo que otros tienen. Algunos son desconfiados y celosos, y no quieren que sus amigos tengan otras amistades. Y algunos sienten envidia del éxito de otros. Algunos son tercos, mientras otros están dispuestos a escuchar y cambiar su punto de vista si se dan cuenta que están equivocados.

A: Algunas personas son tímidas e introvertidas, no hablan mucho, especialmente cuando recién conocen a alguien. Pero pueden ser agradables una vez que los conoces.

L: Es verdad. Y hay gente abierta y extrovertida, siempre dispuesta a hablar, incluso con desconocidos. Y casi siempre son muy activos.

A: Mi tío Francisco, el que juega tenis, es uno de esos: lleno de energía y muy trabajador. Tía Liliana dice que él es la única persona que ella conoce que realmente suda la camiseta. Pero hay personas flojas que no quieren hacer su parte. Se la pasan viendo televisión o jugando videojuegos. Parecen estar siempre aburridas, y creo que lo son.

L: Yo también lo creo. Como a ti, me interesa aprender nuevas cosas, nuevas palabras, nuevos idiomas, nuevas destrezas.

A: Mi madre dice que aquellos que muestran interés son casi siempre interesantes.

L: Es verdad, es divertido estar con ellos. Por otra parte, hay personas con las cuales definitivamente no quiero estar. Gente deshonesta, como los que roban, mienten o intentan engañar a los demás, por ejemplo.

A: Correcto. Siempre trato de mantenerme alejada de ellos. Me gusta la gente honesta y con la que puedes contar. Y si además son personas ingeniosas y algo chistosas, mejor. Una sonrisa o una buena carcajada pueden alegrarme el día. Por eso me gusta estar contigo: ríes mucho y eso me hace reír también.

The People in Our World

Luis: People are so different. As my grandfather used to say, "It takes all kinds of people to make a world—and they're all here."

Anne: That's clever. But I suppose it's true. There are good people and bad, rude and courteous, considerate and thoughtless, pretty and ugly, intelligent and stupid.

L: Yes—some people are friendly, helpful and generous—always willing to share, but others are stingy—they don't want to share anything—not even a smile. And even worse, some people are greedy—they want what other people have. Some are suspicious and jealous, not even wanting their friends to have other friends. And some are envious of others' success. Some are stubborn, while others are willing to listen and change their minds if they realize they've been wrong.

A: Some people are timid and introverted—they don't talk very much—especially when they first meet someone. But they can be nice, after you get to know them.

L: That's true. And other people are outgoing and extroverted—always willing to talk, even to strangers. And they're usually active.

A: My uncle Francisco—he's the tennis player—is like that—he's energetic and hard-working. Aunt Liliana says he's the only person she knows who wears his clothes out from the inside. But some people are lazy—they don't want to do their share of the work. They just watch TV or play video games. Those people always seem bored—and I think they're boring.

L: So do I. Like you, I'm curious about life—interested in learning new things—new words, new languages, new skills.

A: My mother says that people who are interested are almost always interesting.

L: That's true—they're fun to be around. On the other hand, there are people I definitely don't want to be around. Dishonest people, for example—those who steal, or lie, or try to cheat others.

A: Right—I try to stay away from them. I like people who are honest and dependable. And it's nice if they're also witty—and maybe even a little funny. A smile or a good laugh can brighten my day. That's one reason I like being around you. You laugh a lot, and that makes me laugh a lot, too.

Más sobre la gente

Anne: Nuestra conversación del otro día sobre la gente y sus diversas personalidades fue muy interesante. ¿La recuerdas?

Luis: Ajá. Y lo que dijimos es cierto: hay gente de todas formas y tamaños. Flaca y gorda, clara y oscura, alta y baja. El otro día leí que el hombre más alto del mundo mide siete pies y nueve pulgadas (2.36 metros).

A: Es altísimo. Y además de formas y tamaños, la gente tiene talentos y habilidades diferentes. Hay gente verdaderamente creativa, algunos tienen el dote de la música, el arte o las matemáticas. Incluso hay algunos a los que podemos considerar como genios.

L: A algunos todo les causa curiosidad y siempre buscan aprender algo nuevo. Y hay otros a quienes parece no importarles nada y no muestran interés.

A: Son flojos, al menos eso creo. Por otra parte, conocemos gente llena de energía, siempre activa, siempre haciendo cosas: leyendo, viajando, practicando deporte o música, tomando o impartiendo clases.

L: También son importantes las personalidades. Algunas personas son malas, pero otras son amables y serviciales. Algunas personas son generosas y otras son tacañas. Algunas son personas de ley, otras son criminales.

A: Sí, hay gente muy mala por ahí. Pero también hay algunos —creo que la mayoría de nosotros— que somos un poquito malos. Como los hijos de algunas de mis amigas, quienes no se portan bien de vez en cuando. No son chicos malos, son sólo un poco traviesos.

L: Y algunas personas son presumidas, siempre alabándose ellas mismas, mientras otras son modestas y no hacen alarde sobre sus logros, por lo cual siempre es una grata sorpresa cuando una tercera persona te cuenta sobre el talento de un amigo o si alguien hizo algo bueno.

A: Seguro. Pero por otro lado es muy desagradable enterarse que alguien a quien conoces hace algo cruel o malicioso, como maltratar a su mascota o ser grosero con una mesera.

L: ¿Conoces a alguien verdaderamente pesimista, que siempre espera lo peor?

A: Sí, desafortunadamente. Pero también tengo buenas amistades que son optimistas, siempre alegres, siempre viendo el lado positivo de las cosas.

L: Hemos utilizado una gran variedad de palabras para describir cómo las personas son diferentes. ¿Mencionamos solemne y jovial?

A: Hasta ahora no. También tenemos elocuente e inarticulado, hábil y torpe, considerado y desconsiderado.

L: Tienes razón. Se trata de palabras útiles e interesantes. Y palabras como esas son un buen regalo, así que gracias. Estoy agradecido por ellas y tú eres una persona muy amable y generosa por haberme ayudado a aprenderlas.

More About People

Anne: That was an interesting conversation we had about different people, and their different personalities. Do you remember that?

Luis: Uh-huh. And what we said is true—people come in all shapes and sizes. Thin and fat, light and dark, tall and short. I read recently that the world's tallest man measures seven feet nine inches (2.36 meters).

A: Wow, that is tall. And besides shapes and sizes, they come with all kinds of talents and skills. Some people are really creative, some are gifted in music, or art, or mathematics. A few could even be called geniuses.

L: Some people are curious about the world, always wanting to learn more. And others don't seem to care at all—they don't seem interested in doing anything.

A: They're just lazy, I guess. On the other hand, we know people who are full of energy—always active, always doing something. Reading, traveling, playing sports or music, taking a class—or teaching one.

L: Personalities are important too. Some people are mean, while others are kind and helpful. Some are generous, and others are stingy or greedy. Some always try to obey the law, but others are criminals.

A: Yes, there are some bad people around. But there are also some—most of us, I guess—who are just a little bit bad. Like some of my friends' kids who misbehave now and then. They're not bad children, just a bit mischievous.

L: And some people are egotistical—always bragging on themselves—while other people are modest—they don't boast about themselves, so it's a nice surprise when someone else tells you about a friend's talent, or about something good a friend has done.

A: It sure is. And on the other side of the coin, it's really unpleasant to find out that someone you know does something cruel or malicious—like mistreating a pet, or being rude to a waitress.

L: Do you know anyone who's really pessimistic—always expecting the worst?

A: Unfortunately, I do. But I also have some good friends who are optimistic—always cheerful, always looking on the bright side.

L: You know, speaking of being different, we've used a lot of different words to describe people. Did we mention solemn and light-hearted?

A: Not yet. And there's eloquent and inarticulate, skillful and clumsy, considerate and thoughtless.

L: You're right, those are all useful and interesting words. And words like those can be nice gifts. So thank you for the words. I'm grateful for them. And you're a very nice and generous person for helping me learn them.

Buscando trabajo

Luis: Oye, ¿por qué tan bien vestida? ¿Me olvidé de que quedamos en ir a algún lugar especial o simplemente quieres verte linda para mí?

Anne: No molestes y mejor dime cómo me veo. ¿Crees que luzco lo suficientemente profesional?

L: Eso depende del tipo de profesión a la que te refieras. Para ser carpintero o electricista, creo que te vez demasiado formal. Pero si vas a ser actriz o cantante de ópera, luces perfectamente.

A: Vamos, deja de bromear. Sabes que estoy buscando trabajo. Llevo semanas llenando aplicaciones, redactando mi curriculum vitae, armando sobres, colocando estampillas en los sobres y llevándolos a la oficina de correos. Y creo que ha dado resultado: tengo una entrevista por la mañana. Se trata de un trabajo que realmente quiero, así que necesito generar una buena impresión. Un supervisor conducirá la entrevista.

L: Pues si el supervisor es hombre, te contratará inmediatamente. Pero si es mujer, tal vez se sienta intimidada por tu belleza e intelecto.

A: Te equivocas. Ya conocí al supervisor, es mujer y es muy profesional. Además, ella es muy inteligente y bonita. Su jefe, el gerente departamental, es hombre.

L: Pues te ves muy bien: profesional sin lucir demasiado formal. ¿A cuántos empleados supervisa la mujer? ¿Cuánta gente trabaja en toda la organización?

A: Lo ignoro. Cuando apliqué el director de recursos humanos me dijo que la mujer tiene un pequeño equipo de trabajo, creo que diez o doce personas, pero que el departamento tiene casi cien personas.

L: ¿Y para qué puesto aplicaste?

A: Asistente ejecutiva del titular de la sucursal (es decir, la mujer que será mi jefe si obtengo el trabajo). Involucra algunas tareas secretariales, aunque también deberé tomar decisiones por mi cuenta.

L: Parece ser un buen trabajo, al menos como entrada a una organización nueva. ¿Qué tal son las oportunidades de ascender?

A: Muy buenas, creo. La empresa está creciendo, así que habrá nuevos puestos disponibles en breve. De acuerdo con el especialista en personal, habría campo para aspirar a una posición ejecutiva.

L: Excelente. Eso significa que tal vez pueda retirarme pronto mientras tú sostienes el hogar.

A: Sigue soñando. Y aunque tal vez tu sueño se haga realidad algún día, por ahora tú eres quien recibe un salario fijo, así que aquí tienes la factura por mi nuevo vestido.

Looking for a Job

Luis: Hey, why are you dressing up? Did I forget that we're supposed to go out to some special place? Or do you just want to look gorgeous for me?

Anne: Be quiet, and tell me how I look in this outfit. Do you think it looks professional enough?

L: That depends on what profession you're talking about. If you're going to become a carpenter or electrician, I think it would be a little too formal. But if you're going to be an actress or opera singer, it looks about right.

A: Come on, stop kidding. You know I'm looking for a job. For weeks I've been writing letters of application, filling out résumés, stuffing them into envelopes, putting stamps on the envelopes, and taking them to the post office to mail. And I think it's paying off—I have an interview in the morning. It's for a job I really want, so I need to make a good impression. And the supervisor will be doing the interview.

L: Well, if the supervisor is a man, you'll be hired on the spot. But a woman might be too jealous of your beauty and intellect, too threatened.

A: Not true. I've met the supervisor—a woman—and she's very professional. Plus, she's very smart and pretty herself. Her boss—the departmental manager—is a man.

L: Well, you look just right—professional without being too formal. How many employees does the woman supervise? And how many people are in the whole organization?

A: I don't know. When I applied for the job, the director of human resources told me the woman has a small staff—I'd guess maybe ten or twelve people—but that the department has almost a hundred people.

L: And what is the job you're applying for?

A: It's called executive assistant to the branch head (that's the woman—the one who'll be my boss if I get the job). It involves some secretarial duties, but also some independent decision-making.

L: Sounds like a good job, at least as an entry into a new organization. How are the chances for promotion?

A: Pretty good, I think. The company's growing, so there should be new jobs opening up before too long. According to the personnel specialist, there could be a career path to an executive position.

L: Great. That means I might be able to retire soon myself, and let you be the breadwinner of the family.

A: Dream on. And your dream may come true some day, but for now you're the one with the steady salary. So here's the bill for my new outfit.

Transportación—Formas de viajar

Luis: ¿Sabes? Si visitamos a nuestros amigos en Washington el verano próximo, utilizaremos varios medios de transporte.

Anne: Cierto. Veamos qué tantos. El primero será nuestro auto. Conduciremos hasta el aeropuerto, estacionaremos el auto y, por supuesto, tomaremos un avión hasta la ciudad. Luego tomaremos una furgoneta o microbús del aeropuerto al hotel.

L: Y una vez nos registremos, probablemente tomaremos un autobús turístico para recorrer la ciudad. Si salimos a cenar, vamos al cine o visitamos un museo, tomaremos un taxi o tal vez nos subamos al metro.

A: El metro utiliza tanto autobuses como trenes, así que probablemente nos montaremos en ambos. Y tal vez subamos a un trasbordador, o a un barco turístico si decidimos ver la ciudad desde el río Potomac. Desde el barco también podremos ver Georgetown, el Centro Kennedy, el monumento a Lincoln y algunas otras atracciones.

L: Me gustaría pasear por el zoológico y los parques. Tal vez podamos rentar bicicletas.

A: Me parece bien. Hay una ciclo pista a la orilla del río Potomac, la cual va desde Washington —cerca del Pentágono—hasta Mount Vernon.

L: Me han dicho que andar por la orilla del río es hermoso.

A: Lo es. Así que al menos que seas muy flojo, podríamos ir en bicicleta hasta el final, almorzar y después regresar.

L: ¿Flojo yo? Ya veremos quién comienza a quejarse y a pedir que nos detengamos en un parque al lado del río a descansar. Y hablando del río, apuesto que podemos rentar un velero.

A: De hecho podemos. La guía turística dice que hay varias marinas, de las cuales al menos una, al sur de la ciudad, renta veleros. Espera, aquí dice que los rentan solamente a buenos marineros. ¿Tú cuentas?

L: Por supuesto. Veleros, canoas, lanchas… lo domino todo.

A: Pues si logras convencerlos podemos rentar un pequeño bote de remos en la cuenca del río. Es muy cerca del monumento a Jefferson, donde están los cerezos a la orilla del agua.

L: Vaya que usaremos muchos vehículos.

A: Sí. Y eso que no hemos mencionado ese otro "vehículo" que son nuestros pies, pues seguramente caminaremos mucho también.

Transportation—Ways to Get Around

Luis: You know, if we go visit our friends in Washington next summer, we'll have to use several different means of transportation.

Anne: Right. Let's see how many. The first one is our car. We'll drive to the airport, park the car, and of course take a plane to the city. Then we'll take a van or shuttle-bus from the airport to the hotel.

L: And after we've checked in, we'll probably take a tour-bus to see the sights. If we go out to dinner, or to a movie or museum, we'll take a taxi, or maybe ride the metro.

A: The metro uses buses and trains, so we'll probably ride both of those. And we may even ride a ferry, or tour-boat, if we want to see the Potomac River waterfront. From the boat we'll be able to see Georgetown, the Kennedy Center, the Lincoln Memorial, and some other sights.

L: I'd like to spend some time in the zoo and the parks. Maybe we can rent bicycles.

A: Sounds good to me. There's a trail for biking—it runs from Washington—near the Pentagon—all the way down along the Potomac river to Mount Vernon.

L: I hear it's beautiful along the river.

A: It is. So if you're not too lazy, we could bicycle all the way, have lunch, and ride back.

L: Me lazy? We'll see who starts complaining about needing to stop at a riverside park for a rest. And speaking of the river, I'll bet we can rent a sailboat.

A: We can indeed. The tour guide says there are several marinas, and at least one—just south of the city—rents sailboats. Wait, they rent only to competent sailors. Does that include you?

L: Of course it does. Sailboats, canoes, motorboats—I've mastered them all.

A: Well, if you can't convince them of your skill, we can rent a little paddleboat on the tidal basin. It's by the Jefferson Memorial, and it's where all the cherry blossoms are—they're around the water's edge.

L: We'll sure be using a lot of different vehicles.

A: Yes, and there's one more "vehicle" we haven't mentioned—our feet. We'll probably do plenty of walking, too.

Oficios y reparadores

Anne: Hemos estado buscando casa durante seis semanas y esta es la que más me gusta. Es del tamaño ideal y está disponible. Podemos rentarla, comprarla o rentarla con opción a compra.

Luis: Es linda, pero creo que necesitará muchas reparaciones. Claro que, si la rentamos, el casero pagará los impuestos, el seguro y las reparaciones. Pero si la compramos, tendremos que hacerlas nosotros mismos o contratar a alguien para que las haga.

A: Creo que nos convendría comprarla, siempre y cuando podamos pagarla. No me gusta rentar; si compramos estaremos construyendo capital. Podríamos hacer muchas de las reparaciones nosotros mismos; por ejemplo, no necesitaríamos contratar a un pintor. Podríamos limpiar las ventanas, arreglar el jardín, podar los arbustos, rastrillar las hojas y limpiar los desagües.

L: Cierto, aunque hay algunas cosas para las cuales no estamos cualificados. El cableado, por ejemplo. No quiero electrocutarme, o quemar la casa, así que necesitaríamos contratar a un electricista. También hay algunas fugas en las tuberías. Puedo arreglar algunas de las menores, o reemplazar uno que otro tubo, pero probablemente necesitaremos contratar a un plomero.

A: También algunos de los gabinetes necesitan ser retocados y necesitaré añadir repisas en la cocina y el cuarto de lavado, para que pueda guardar ollas, sartenes y platos, además de jabón y detergente. Tal vez necesitaremos que un carpintero haga eso.

L: Yo puedo colocar repisas y hacer algo del trabajo simple de carpintería, pero tienes razón, probablemente necesitaremos a un carpintero. Lo mismo ocurre con los electrónicos: si hay problemas con la lavadora, secadora, el lavaplatos, refrigerador u otro electrónico, necesitaremos que alguien venga a repararlos.

A: Y ya sea rentemos o compremos, quiero cambiar todas las cerraduras. No sabemos quién puede tener llaves de la casa, así que necesitaremos localizar a un buen cerrajero.

L: También necesitaremos asegurarnos de que no haya termitas, ya que si las hay, tendremos que llamar a una empresa de control de plagas. El techo luce bien, al igual que los desagües y tubos de drenaje, pero parte de la argamasa entre los ladrillos de la chimenea se ha caído, además de que algunas piedras de la fachada están sueltas, y eso es trabajo para un albañil.

A: Vaya que es divertido tener casa. Todavía no decidimos si comprarla o no y ya empezamos a sufrir.

L: Es posible que no hayamos decidido, pero por la manera en la que has pensado en todos los detalles, creo que ya tomaste una decisión, estás lista para firmar el contrato y mudarnos inmediatamente.

Trades and Repairmen.

Anne: For six weeks, we've been looking for a house, and this is the one I like best. It's about the right size, and it's vacant. We can rent it, buy it, or rent with an option to buy.

Luis: It is nice, but I think it may need a lot of work. Of course, if we rent it, the landlord will pay taxes and insurance, and for fixing everything up. But if we buy it, we'll have to do that ourselves, or pay someone else to do it.

A: It would be good to buy the house, if we can afford it. I don't like paying rent, because if we buy we'll be building up equity. You and I could do a lot of the work ourselves—we wouldn't have to hire a painter, for example. We could clean the windows, tend the garden, trim the bushes, rake the leaves, and clean the gutters.

L: That's true, but there are some things we aren't qualified to do. Wiring, for example. I don't want to get electrocuted, or burn the house down, so we may need to hire an electrician. And I already know there are some leaks in the plumbing. I may be able to fix any small leaks, or replace some pipes, but we may have to hire a plumber.

A: Also, some of the cabinets need refinishing, and I'll need some shelves added in the kitchen and utility room, so I can store pots, pans, and dishes—and soap and detergent. We may need a carpenter to do that.

L: Well, I can put up shelves and do other simple woodwork, but you're right, we'll probably need a carpenter for some of it. Same with appliances—if the washer, dryer, dishwasher, refrigerator, or other appliances have problems, we'll have to call someone to repair them.

A: And whether we rent or lease, I'd like to have all the locks changed. We don't know who might have keys to the house, so we'll need to find a good locksmith.

L: We'll need to get a termite inspection, and if there are any problems there, we'll need to call a pest-control company. The roof looks okay, and so do the gutters and drainpipes. But some mortar between the bricks in the chimney has fallen out, and some stones are loose in the retaining wall—so there's work for a mason.

A: Ah, the joys of homeowning. It's starting already, and we haven't even decided to buy the house yet.

L: Maybe not, but the way you're looking at everything so carefully makes me think you've pretty much made your decision, and are ready to sign a contract and move in.

Nuestros autos

Anne: ¿Ves ese círculo en el calendario? Se acerca mi cumpleaños y he estado pensando en regalarme un auto.

Luis: ¿Tiene algo malo el que tienes ahora? El motor funciona bien, ¿no?

A: Sí, y consume poca gasolina —aproximadamente un galón por cada 32 millas— y la transmisión parece estar bien. Pero el odómetro marca casi 120 mil millas y cuando tomo una curva, el volante vibra un poco. Además, pronto necesitará neumáticos nuevos.

L: Los neumáticos pueden costar mucho. Parece que tendrás que gastar algo de dinero si te quedas con tu auto viejo. ¿Lo demás funciona bien?

A: Pues tanto la radio como el reproductor de discos compactos funcionan bien, los limpiavidrios hacen su trabajo y no he tenido problemas ni con la calefacción ni con el aire acondicionado. Pero cuando lo llevé a que le hicieran la inspección el mes pasado, el mecánico me dijo que pronto necesitaría arreglar los frenos, además de un nuevo sistema de escape. Y hace un mes que le instalé una nueva batería. Así que la pregunta es, ¿debo gastar más dinero en mi auto viejo o comprarme otro?

L: Buena pregunta. ¿Te comprarías uno nuevo o usado? ¿Lo prefieres de transmisión automática o de velocidades? ¿Y qué tipo de auto tienes en mente?

A: Haces demasiadas preguntas. Probablemente compre uno usado con transmisión automática. He pensado en una furgoneta, pero probablemente compre algo más pequeño, como una vagoneta o un sedán.

L: Deberías comprar uno con muchos caballos de fuerza, para que cuando yo lo conduzca acelere a fondo y pueda ver la aguja del tacómetro subir a 5,000 rpm y…

A: Un momento, ¿quién dijo que serías tú quien conduciría? Será mi auto. Tú manejas muy rápido, con el velocímetro marcando el límite de velocidad y a veces incluso por encima.

L: Es probable que a veces conduzca ligeramente por encima del límite de velocidad, pero solamente en mi auto. Nunca lo haría en el tuyo.

A: Bien, si me ayudas a lavarlo, encerarlo y mantenerlo limpio, tal vez deje que lo conduzcas algún un día.

L: Excelente. Me encantará conducirlo, siempre y cuando vengas conmigo.

Our Cars

Anne: See that circle on the calendar? My birthday is coming up soon, and I'm thinking about buying myself a car.

Luis: What's wrong with the one you have? The motor still runs well, doesn't it?

A: Yes, and it gets good mileage—about 32 miles per gallon—and the transmission seems okay. But it has about 120,000 miles on the odometer, and when I go around a curve, the steering wheel vibrates a little. Also, I might need new tires soon.

L: New tires can be expensive—they're sure not cheap. So it sounds like you'll have to put some money into repairs if you keep your old car. Does everything else work okay?

A: Well, the radio and CD-player work fine, the windshield-wipers do a good job, and I've had no problems with the heater and air-conditioner. But when I had my car inspected last month, the mechanic told me that I would need new brakes before long, and maybe a new muffler and tailpipe. And I just had a new battery put in last month. So my question is—should I put more money into my old car, or buy another one?

L: Good question. Would you get a new one, or a used one? Would you want an automatic transmission, or a standard straight-stick? And what kind of car are you considering?

A: Hey—you're asking a lot of questions. I'd probably get a used one, with an automatic transmission. I've thought about getting a minivan, but will probably get something smaller—like a station wagon or sedan.

L: You should get something with a lot of horsepower, so when I drive it, I can rev up the engine and watch the needle on the tachometer jump up to 5,000 rpm, and...

A: Wait a minute—who said anything about you driving it? I'm getting the car for myself. You always drive too fast, pushing the speedometer up to the speed limit, and sometimes higher.

L: Well, maybe I sometimes drive just a very little bit above the speed limit—but only in my car. I wouldn't ever do that in yours.

A: Okay, if you help me wash and wax it, and keep it clean, I might let you drive it— sometimes.

L: Great—I'd love to drive it—but only if you're riding with me.

Días de escuela

Anne: ¿Te gustaba ir a la escuela? ¿Eras buen estudiante?

Luis: Disfrutaba del recreo y de las vacaciones. Hablando en serio, me fue bien en las materias que me gustaban. Creo que la diferencia radicaba en los profesores: un buen maestro puede hacer interesante casi cualquier tema —incluso la gramática— y hacer que los estudiantes se den cuenta de que aprender puede ser algo divertido.

A: De acuerdo. Pero no todos los maestros logran eso. Uno de mis profesores se la pasaba sentado en su escritorio, leyendo un libro en voz alta o repasando la lección. No discutíamos, ni siquiera nos motivaba a hacer preguntas. Era muy aburrido. Teníamos muchísima tarea y muchísimos exámenes.

L: Yo también tuve un maestro así. Teníamos que guardar silencio todo el tiempo, permanecer sentados en nuestros pupitres escuchando la lección. Luego teníamos que sacar nuestros cuadernos o libretas y practicar escritura. Era una clase muy aburrida.

A: Me lo imagino. Sin embargo, tuve algunos maestros excelentes. Recuerdo a una, Ms. O'Brien, cuyas clases adorábamos. Solía plantear una pregunta complicada, luego nos dejaba formar pequeños grupos de tres o cuatro estudiantes cada uno para discutirla y llegar a una respuesta. El aula se volvía ruidosa, pues todo mundo hablaba al mismo tiempo. Ella caminaba por el salón por si necesitábamos ayuda, y si olvidábamos nuestros lápices o bolígrafos, nos dejaba usar uno de los suyos. Luego un estudiante de cada grupo pasaba al frente para explicar la respuesta de su grupo, a veces usando tiza para escribir o dibujar en el pizarrón. Y los demás estudiantes levantaban las manos y formulaban preguntas.

L: Me recuerda a mi maestro favorito, el profesor Martínez. Él nos inculcó el amor por los buenos libros. Disfrutábamos estudiar para su clase. Pasábamos mucho tiempo en la biblioteca investigando, recabando información sobre los libros y sus autores. Incluso nos gustaba escribir reseñas. Él solía invitar a unos cuantos estudiantes a leer en voz alta sus trabajos y dejaba que otros alumnos hicieran preguntas.

A: Los buenos maestros pueden influenciar en gran medida cómo perciben los estudiantes la escuela y el proceso de aprendizaje. Algunos de mis mejores recuerdos son precisamente con esos maestros: nos dieron lecciones de vida además de enseñarnos las materias del plan de estudios.

L: Cierto. Me gustaría que más gente buena se dedicara a la enseñanza y que aquellos que no disfrutan ser maestros se ocuparan en otra cosa.

School Days

Anne: Did you like school? And were you a good student?

Luis: Well, I liked recess, and holidays. Seriously, I did make good grades in the subjects I liked. I think the teachers made a lot of difference—a good teacher can make almost any subject interesting—even punctuation, and spelling—and help students see that learning can be fun.

A: I agree. But not all teachers can do that. One of my teachers just sat at his desk in front of the classroom, reading aloud from the book, or lecturing to us. We didn't have discussions—we weren't even encouraged to ask questions. It was really boring. We had lots of homework, and lots of tests.

L: Yes, I had a teacher like that. We had to be quiet all the time, just sitting quietly at our desks listening to the lecture. Then we had to take out our workbooks or notebooks and practice our handwriting. That class was no fun at all.

A: I'm sure it wasn't. But on the other hand, I had a few excellent teachers. I remember one instructor—Ms. O'Brien—whose classes we loved. She would ask a challenging question, then let us get into little groups—three or four students each— to discuss the question and come up with an answer. The room would be noisy, with everyone talking at the same time. She'd walk around to see if we needed any help, and if we forgot our pens or pencils, she'd give us one of hers. Then one student from each group would go up to the front of the room and tell what answer the group came up with, maybe using chalk to write or draw on the blackboard. And the other students could raise their hands and ask questions.

L: She sounds a lot like my favorite teacher, Señor Martinez. He helped us learn to love reading good books. We enjoyed studying for his class. We spent a lot of time at the library doing research—gathering information about the books and authors. We even liked writing book reports. He would invite a few of the students to read their papers aloud to the class, and let the other students ask questions.

A: Good teachers can make a huge difference in how students feel about school and learning. Some of my best memories are of those special teachers—they taught us lessons about life, as well as about the academic subjects they were teaching.

L: That's true. I wish more good people would choose to become teachers—and that some who don't like teaching would find something else to do.

Pequeñas criaturas

Luis: Tengo una pregunta. Cuando digo la palabra "animales", ¿en qué piensas?

Anne: Pues en gatos, perros, vacas, caballos y cosas por el estilo. ¿Por qué?

L: La semana pasada leí un libro sobre hormigas. Según el autor, no solamente hay muchísimas más hormigas que seres humanos, sino que el peso combinado de todas las hormigas del planeta superaría al peso combinado de los seres humanos. Con eso caí en cuenta que solemos pensar más en los animales grandes, pero casi nunca tomamos en cuenta a los pequeños.

A: ¿Te refieres a animales pequeños como pájaros y abejas, polillas y mariposas, arañas y avispas?

L: Así es, entre otros. Veamos cuántos podemos nombrar. Tenemos víboras, grillos, murciélagos, cucarachas…

A: Odio las cucarachas. Me gustan las ardillas, los conejos, las ovejas y las cabras, pero las pequeñas, no las grandes. ¿Te gustan los saltamontes?

L: Pues no sé. Nunca he probado uno.

A: Sabes bien que no me refería a comerlos. ¿Te gustan las tortugas?

L: Probé sopa de tortuga un par de veces. Es pasable. Pero las tortugas no son muy interesantes como mascotas. Algunas lagartijas son bonitas, como los camaleones que cambian de color. ¿Cuáles otros animales te gustan… o te disgustan?

A: Pues no me gustan los bichos, como las garrapatas o las pulgas. Y tampoco me gustan las termitas, aunque nunca he visto una.

L: Leí algo interesante sobre las termitas. Pensamos que se alimentan de madera, pero en realidad no pueden digerirla por sí mismas. Tienen pequeños microbios en sus estómagos los cuales digieren la madera por ellas. Extraña relación, ¿no crees?

A: Vaya que lo es. Creo que a eso se le llama una relación simbiótica, como la de los pájaros que se alimentan de residuos de comida atorados en los dientes de un lagarto. El lagarto obtiene una limpieza de dientes gratis y el pájaro obtiene una comida gratis.

L: Hablando de comida, ¿vamos a almorzar? Yo invito.

A: Siempre y cuando no me pidas que coma alguno de esos animales de los que hemos estado hablando.

L: Por supuesto que no. Aunque estaba pensando que tal vez podríamos comer carne asada de víbora de cascabel. Dicen que sabe a pollo.

A: La víbora de cascabel es toda tuya; yo me quedo con el pollo.

Little Creatures

Luis: Question. When I say the word "animals," what do you think of?

Anne: Oh, cats and dogs and cows and horses—things like that. Why do you ask?

L: Well, last week I read a book about ants. The author said that not only are there lots more ants than people, but that the total weight of all the ants on earth would be more than the total weight of all the people. It made me realize that we think about the bigger animals, but don't often think about all the little ones.

A: Ummm…you mean little ones like birds and bees? And moths and butterflies? And spiders and wasps?

L: Yes, plus lots of others. Let's see how many we can name. There are snakes, and crickets, and bats, and cockroaches, and…

A: Ugh. I hate cockroaches. I like squirrels, and chipmunks, and rabbits, and sheep, and goats—baby goats—I don't like big ones. Do you like grasshoppers?

L: Well, I don't know—I've never eaten any.

A: That's not what I meant, and you know it. Do you like turtles?

L: I have eaten turtle soup a couple of times. It's okay. But live turtles as pets aren't very interesting. Some lizards are pretty—like the chameleons that change colors. Are there any other animals you like—or don't like?

A: Well, I don't like most bugs. Like ticks, and fleas. And I don't like termites—although I've never actually seen one.

L: Oh, I read something interesting about termites. We think they eat wood, but they can't digest wood themselves. Little microbes or something live in the termites' stomachs, and digest the wood for them. A strange arrangement, isn't it?

A: It sure is. I think they call that a symbiotic relationship—like the bird that picks food fragments out of the alligator's teeth. The alligator gets a free cleaning, and the bird gets a free meal.

L: Speaking of meals, why don't we go get some lunch? I'll pay the check.

A: Okay, just so you don't ask me to eat any of those animals we've been talking about.

L: Of course not. I was thinking maybe we'd have some broiled rattlesnake meat. They say it tastes like chicken.

A: Ugh—You eat the rattlesnake; I'll have the chicken.

¿Cuántos burros?

… una vieja fábula sobre un granjero, su esposa y algunos burros.

Una mañana, después del desayuno, un granjero dijo a su esposa: "Hoy iré caminando a la feria del condado. Quiero comprar un burro que mantenga alejados a los coyotes que se han estado robando mis gallinas".

Cuando llegó a los terrenos de la feria, el granjero comenzó a mirar los animales y los vegetales y granos de las granjas cercanas. En uno de los puestos, una atractiva joven vendía vino procedente de un viñedo local. El granjero estaba un poco sediento luego de caminar por la feria y decidió tomarse un vaso de vino.

Fue muy refrescante y le hizo sentir mucho mejor. Caminó un poco más y luego regresó por otro vaso. Cuando almorzó se tomó un tercero.

En una mesa cercana a la exhibición de animales, una joven vendía boletos para una rifa. Los premios incluían animales que habían sido donados por otros granjeros para ayudar a recabar fondos para el sistema escolar.

"Es una buena causa", pensó el granjero. Así que compró un boleto y comenzó a recorrer nuevamente la feria, mirando las exhibiciones. El sol calentaba la tarde, así que decidió tomarse una cerveza.

No había terminado su cerveza cuando por el altavoz anunciaron los números ganadores de la rifa. Buscó en sus bolsillos el boleto y descubrió que había ganado el premio mayor: cuatro hermosos burros.

Encantado, decidió regresar a casa montado en uno de los burros, acarreando a los demás. Se montó y comenzó el viaje de regreso.

El sol comenzaba a ocultarse cuando la esposa se asomó por la ventana de la cocina y vio a su marido, montado en uno de los burros, mirando a los otros tres que iban detrás. Salió al patio donde su esposo, apuntando hacia los burros, contaba "Uno… dos… tres", movía la cabeza y contaba de nuevo: "Uno… dos… tres…".

"Qué estás haciendo, esposo?"

"Es extraño", dijo él. "Gané cuatro burros en la feria, pero solamente puedo contar tres".

La esposa lo miró, luego a los burros, luego nuevamente a su esposo.

"De verdad que es extraño", asintió. "Tú sólo ves tres burros, en cambio yo veo cinco".

How Many Donkeys?

...an old folk-tale about a farmer, his wife, and some donkeys.

One morning after breakfast, a farmer said to his wife, "I'm going to walk to the county fair today. I want to buy a donkey to keep away the coyotes that have been stealing my chickens."

When he arrived at the fairgrounds, he began walking around, looking at the animals and at the produce from the nearby farms. At one booth, a very attractive young woman was selling wine from a local vineyard. He was a little thirsty after his walk, and decided to try a glass.

It was refreshing, and made him feel much better. He walked around some more, then came back and had another glass. When he had lunch, he ordered a third.

At a table near the animal exhibits, a young woman was selling raffle tickets. The prizes included animals that had been donated by other farmers to help raise money for the school system.

"That's a good cause," he thought. So he bought a ticket, then began walking around again, looking at the exhibits. When the afternoon sun made him hot, he decided to have a cold beer.

As he was finishing the beer, he heard the loudspeaker announce the numbers of the winning raffle tickets. He searched through his pockets for his ticket, and found that he had won first prize—four handsome donkeys.

Delighted, he decided to ride home on one of the donkeys, and to lead the others behind him. He climbed on, and started his return trip.

It was almost sunset when his wife looked out the kitchen window and saw her husband, still sitting on one donkey, looking back over his shoulder at the other three. She went out into the yard, where he was pointing at the donkeys, one after the other, saying "One...two...three," then shaking his head and starting over... "One...two... three..."

"What are you doing, husband?"

"It's very strange," he said. "I won four donkeys at the fair, and now I count only three."

His wife looked at him, then at the donkeys, then back at her husband again.

"It is very strange indeed," she agreed. "You see only three donkeys, but I see five."

Francisco Cámara-Riess

A **Francisco Cámara-Riess** le encantan los idiomas. Creció hablando español y ha estudiado otros tres. Ha editado y dirigido varios periódicos en español y otras publicaciones. Francisco es un apasionado promotor del correcto uso del lenguaje, algo que aplica diariamente brindando servicios lingüísticos a través de SpanishSpeaking, empresa que dirige junto a su esposa, Liliana Cámara, desde Carolina del Norte.

Francisco Cámara-Riess loves language. A native speaker of Spanish (and student of three other languages), he has edited and managed a Spanish-language newspaper and other publications. Francisco is a passionate advocate for correct and effective usage, and applies this passion every day in providing language services through SpanishSpeaking, a North Carolina-based firm he and his wife Liliana Cámara own and manage.

David Hatcher

David Hatcher, author of several books on English usage and vocabulary, has taught writing and other language skills for three universities, two high schools, a community college, and more than twenty government and private-industry clients. When he's not writing, he enjoys studying and speaking Spanish, making music, playing tennis, and messing about with boats. He lives in North Carolina with his wife, Lane Goddard.

David Hatcher, autor de varios libros sobre el correcto uso del inglés y vocabulario, ha enseñado redacción y otras destrezas lingüísticas en tres universidades, dos preparatorias, un colegio comunitario y para más de veinte entidades gubernamentales y privadas. Cuando no se encuentra escribiendo, David se entretiene aprendiendo y practicando español, tocando música, jugando tenis y navegando. Vive en Carolina del Norte con su esposa Lane Goddard.

www.ingramcontent.com/pod-product-compliance
Lightning Source LLC
Chambersburg PA
CBHW071022040426
42443CB00007B/900